Kinder entdecken ...

Sehenswürdigkeiten der Welt

TIME LIFE KINDER-BIBLIOTHEK

Inhalt

Was für Sehenswürdigkeiten gibt es auf der Welt?	4
Warum stehen Soldaten vor dem Buckingham-Palast Wache?	6
Kennst du die längste Brücke der Welt?	8
Das Geheimnis von Stonehenge: Welche Bedeutung haben die riesigen Steine?	10
Wann wurde der Eiffelturm gebaut?	12
Wann erlangte das Schloß von Versailles seine Bedeutung?	14
Warum sind die Höhlenmalereien von Lascaux so berühmt?	16
Warum wird Venedig die Stadt der Kanäle genannt?	18
Warum ist der Turm von Pisa schief?	20
Wie alt ist das berühmte Kolosseum in Rom?	22
Wie sah die Ruinenstadt Pompeji vor dem Vulkanausbruch aus?	24
Wie heißt der kleinste Staat der Welt?	26
Warum haben die Griechen den Parthenon gebaut?	28
Was sind Fjorde, und wie sind sie entstanden?	30
Was ist der Kreml?	32
Welche Bedeutung hat die Freiheitsstatue im Hafen von New York?	34
Wozu gibt es Nationalparks?	36
Wie ist der Grand Canyon entstanden?	38
Wessen Köpfe wurden in den Mount Rushmore gehauen?	40
Wie ist der Versteinerte Wald entstanden?	42

Wie gelangen große Schiffe durch den Panamakanal?	44
Welches ist der höchste Wasserfall?	46
Hast du schon einmal etwas von der alten Inkastadt Machu Picchu gehört?	48
Wodurch sind die Galapagosinseln so bekannt?	50
Kennst du das Geheimnis der Osterinsel?	52
Wozu wurden die Pyramiden gebaut?	54
Wie groß ist die Sahara?	56
Warum wurde der Assuan-Staudamm gebaut?	58
Welche Bedeutung hatte die Seidenstraße?	60
Wie ist der Himalaya entstanden?	62
Warum wurde der Tadsch Mahal erbaut?	64
Wie lang ist die Chinesische Mauer?	66
Warum haben die Hügel von Guilin so eine bizarre Form?	68
Wie heißt der längste Tunnel, der unter dem Meer hindurchführt?	70
Wo steht der Ayers Rock?	72
Warum ist das Große Barrier-Riff so berühmt?	74
Was ist die Antarktis?	76
Kennst du diese Ansichten?	78
Und diese?	80
Mitwachsendes Album	81

Was für Sehenswürdigkeiten gibt es in der Welt?

Antwort Unsere Erde bietet eine Fülle von Sehenswürdigkeiten, die du auf einer Reise um die Welt entdecken könntest. Du würdest Naturwunder und großartige, von Menschen geschaffene Denkmäler sehen. Viele dieser Sehenswürdigkeiten sind weltberühmt.

▲ Papstschloß in Avignon (Frankreich)

Brücke über den Humber
Stonehenge
Buckingham-Palast
Eiffelturm
Venedig
Kolosseum
Pompeji
Parthenon

Mount Rushmore
Freiheitsstatue
Grand Canyon
Versteinerter Wald

▲ Großer Salzsee (USA)

▶ Teotihuacán (Mexiko)

Panamakanal
▲ Manhattan (USA)
Angel Falls
Galapagosinseln
Machu Picchu
Osterinsel

Titicacasee
◀ (Bolivien und Peru)

▲ Rio de Janeiro (Brasilien)

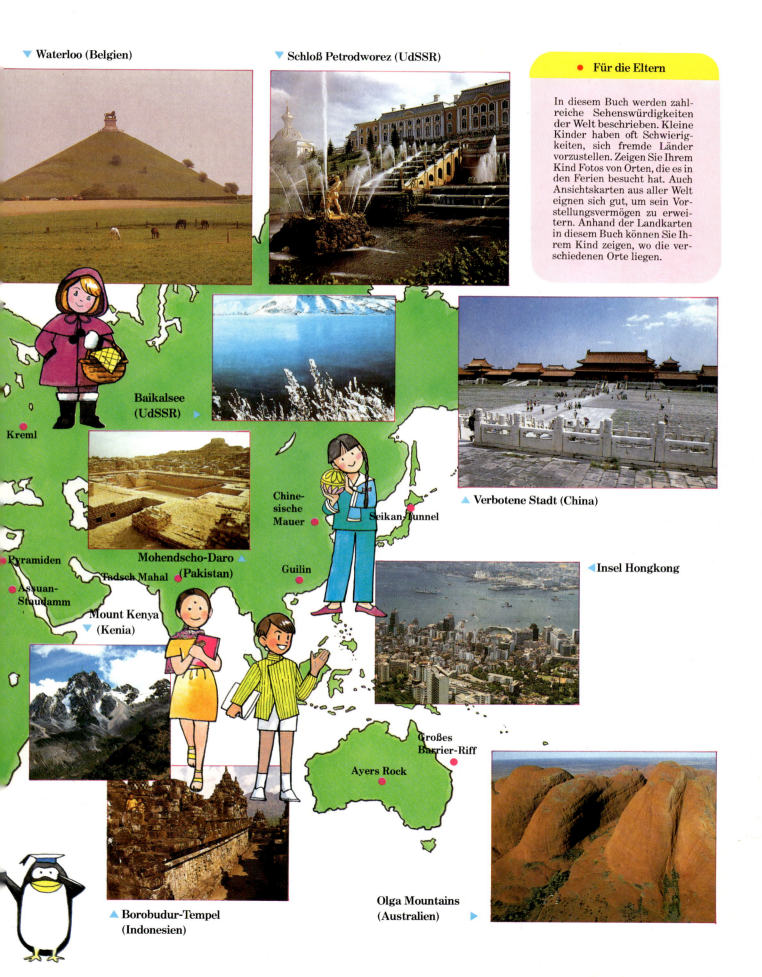

❓ Warum stehen Soldaten vor dem Buckingham-Palast Wache?

Antwort Der Buckingham-Palast ist die Residenz der englischen Königsfamilie; heute lebt dort Königin Elisabeth II. Vor den Toren stehen Soldaten, die den Palast bewachen und ihn vor Gefahr schützen. Die berühmte Zeremonie der Wachablösung findet im Sommer jeden Tag um 11.30 Uhr statt. Aus aller Welt kommen Touristen, um sich das farbenprächtige Schauspiel anzusehen.

GROSS-BRITANNIEN

London

▶ **Die Palastwachen**
Ihre roten Jacken und gewaltigen schwarzen Bärenfellmützen sind weltberühmt.

▼ Der Buckingham-Palast ist nach Lord Sheffield, einem der Herzöge von Buckingham, benannt. Er ließ den Palast im Jahre 1703 erbauen.

6

Was bedeutet die Flagge auf dem Buckingham-Palast?

Manchmal wird der Royal Standard – die königliche Flagge – auf dem Buckingham-Palast gehißt. Das ist das offizielle Zeichen, daß Ihre Majestät Königin Elisabeth II. zu Hause ist.

Welche Sehenswürdigkeiten gibt es noch in London?

London ist die Hauptstadt Großbritanniens. Viele alte Gebäude haben geschichtliche oder kulturelle Bedeutung. Die Karte zeigt, wo einige der Sehenswürdigkeiten liegen.

▼ **Die Towerbrücke.** Der mittlere Teil der Brücke kann hochgeklappt werden. Auf diese Weise können auch große Schiffe unter der Brücke hindurchfahren.

▼ Big Ben, die Turmglocke des Parlamentsgebäudes, schlägt jede Viertelstunde.

• Für die Eltern

Die Wachablösung ist eine der bekanntesten Touristenattraktionen Londons. Sie findet jeden Tag zur gleichen Zeit statt. Die Soldaten bewachen die Residenz der britischen Herrscher. Königin Viktoria erwarb den Palast im Jahre 1861. Vor dem Eingangstor steht ein Denkmal zu ihren Ehren. Während ihrer Regierungszeit erlebte das britische Weltreich seine Blütezeit, und so ist ihr Denkmal Symbol für Englands Goldenes Zeitalter.

❓ Kennst du die längste Brücke der Welt?

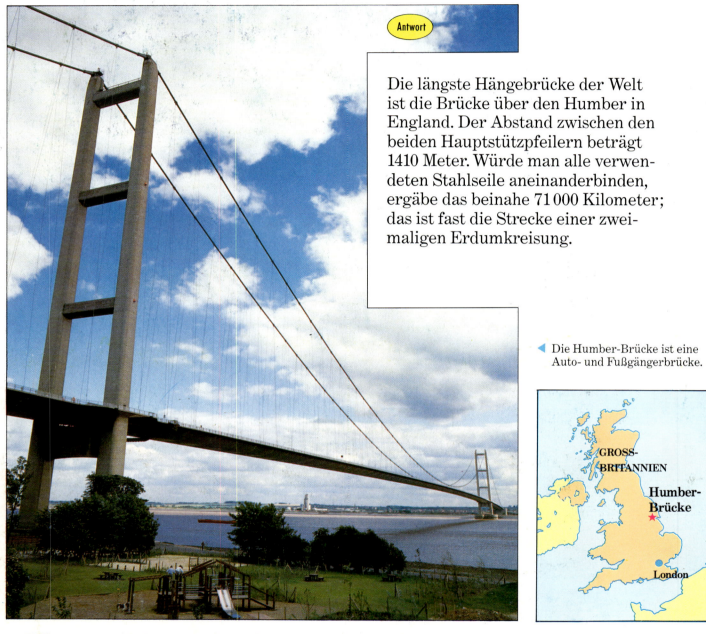

Antwort

Die längste Hängebrücke der Welt ist die Brücke über den Humber in England. Der Abstand zwischen den beiden Hauptstützpfeilern beträgt 1410 Meter. Würde man alle verwendeten Stahlseile aneinanderbinden, ergäbe das beinahe 71 000 Kilometer; das ist fast die Strecke einer zweimaligen Erdumkreisung.

◀ Die Humber-Brücke ist eine Auto- und Fußgängerbrücke.

■ Wie man die Länge einer Hängebrücke mißt

Der Abstand zwischen zwei Hauptstützpfeilern ist die Stützweite.

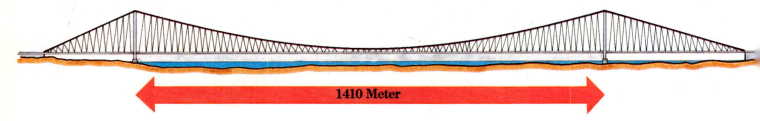

1410 Meter

Verschiedene Brückenkonstruktionen

Es gibt viele verschiedene Brückenkonstruktionen. Beim Bau einer Brücke gilt es unter anderem zu bedenken, welche Windverhältnisse herschen und wie groß die Belastung sein wird.

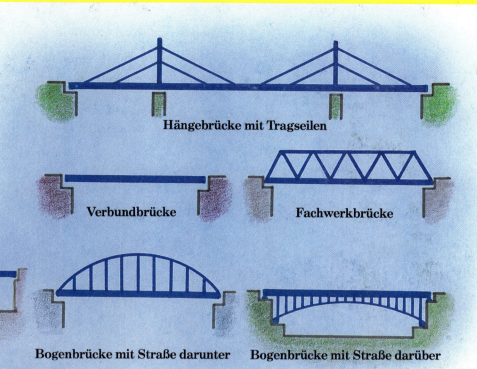

Hängebrücke mit Tragseilen

Verbundbrücke

Fachwerkbrücke

Balkenbrücke

Bogenbrücke mit Straße darunter

Bogenbrücke mit Straße darüber

Bewegliche Brückentypen

■ **Zugbrücke.** Das Mittelstück ist hochklappbar, damit Schiffe hindurchfahren können. ■ **Hubbrücke**

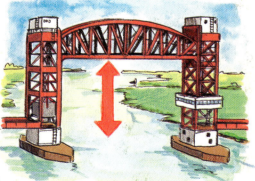

Die Brücke wird hochgezogen, damit große Schiffe passieren können.

■ **Drehbrücke.** Sie dreht sich zur Seite, um große Schiffe hindurchzulassen.

● **Für die Eltern**

Die Hängebrücke eignet sich am besten, um sehr große Weiten zu überspannen. Aus diesem Grunde sind die Brücke über den Humber und die Golden Gate Bridge Hängebrücken. Die Brücken hängen an Tragseilen, die zwischen zwei Brückenpfeilern gespannt sind. Je größer die Stützweite ist, desto höher müssen die Brückenpfeiler sein.

Das Geheimnis von Stonehenge: Welche Bedeutung haben die riesigen Steine?

 Das Monument aus Riesensteinen ist über 3300 Jahre alt. Die Steine sind 4 bis 4½ Meter hoch und wiegen 25 bis 45 Tonnen. Einige wurden aus großer Entfernung herbeigeschafft.

Wir wissen, daß Stonehenge im Altertum errichtet wurde, doch seine Bedeutung ist ein Geheimnis. Manche Leute glauben, daß die Steine eine Art astronomischer Kalender bildeten.

So könnte Stonehenge entstanden sein

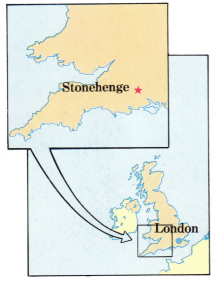

Zuerst wurde ein Graben mit schrägen Seitenwänden ausgehoben. Dann ließ man einen der großen Steine hineingleiten.

Mit Hilfe von Holzstämmen und Seilen richtetete man den Stein in mühevoller Arbeit auf.

Wurde Stonehenge als Sternwarte benutzt?

Mit Hilfe von Computern haben Wissenschaftler nachgewiesen, daß die Steine nach dem Wechsel der Jahreszeiten ausgerichtet sind.

Zuerst hat man den breiten Rundgraben ausgehoben und dann an beiden Seiten des Grabens Erde aufgehäuft.

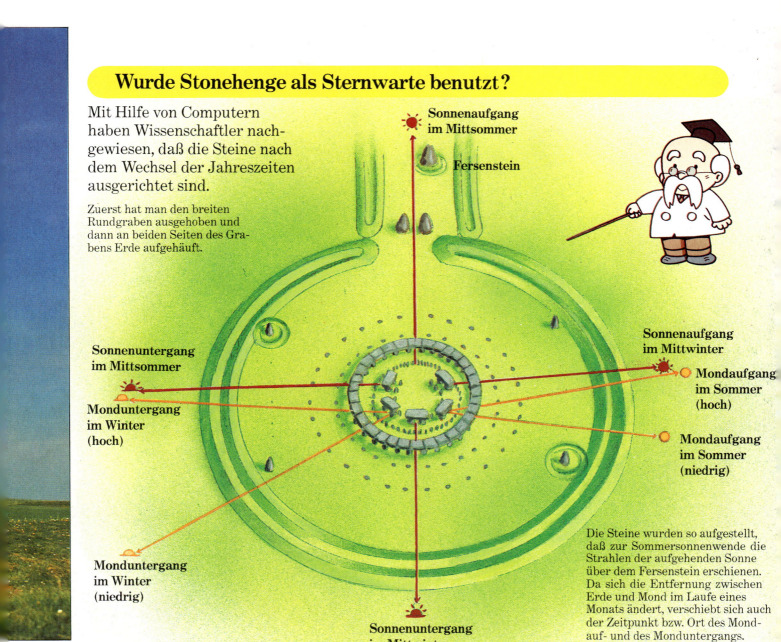

Sonnenaufgang im Mittsommer
Fersenstein
Sonnenuntergang im Mittsommer
Monduntergang im Winter (hoch)
Monduntergang im Winter (niedrig)
Sonnenuntergang im Mittwinter
Sonnenaufgang im Mittwinter
Mondaufgang im Sommer (hoch)
Mondaufgang im Sommer (niedrig)

Die Steine wurden so aufgestellt, daß zur Sommersonnenwende die Strahlen der aufgehenden Sonne über dem Fersenstein erschienen. Da sich die Entfernung zwischen Erde und Mond im Laufe eines Monats ändert, verschiebt sich auch der Zeitpunkt bzw. Ort des Mondauf- und des Monduntergangs.

Die Steine wurden auf ein Holzgerüst gelegt und durch Unterschieben weiterer Gerüste gehoben.

Man hob den Deckstein jeweils nur an einem Ende an.

Schließlich hievte man den Deckstein auf die beiden Steinpfeiler.

● Für die Eltern

Ursprünglich bestand die Anlage, wie oben auf der Zeichnung zu sehen ist, aus einem ringförmigen Graben, der von einem Wall umgeben war. Darin lagen drei Ringe, einer mit 60 und zwei mit jeweils 30 Löchern. Innerhalb dieser Ringe befand sich der Steinkreis. Darin gab es einen Kreis aus wesentlich kleineren Steinen und Löchern sowie Steine, die hufeisenförmig um den Altarstein angeordnet waren. Möglicherweise diente dieser Ort im Altertum als Kultstätte, doch um welchen Kult es sich handelte, ist nicht bekannt.

11

Wann wurde der Eiffelturm gebaut?

 Der Eiffelturm wurde vor 100 Jahren anläßlich der Pariser Weltausstellung gebaut und nach seinem Erbauer Gustave Eiffel benannt. Heute dient er vielen Zwecken, z. B. der Flugüberwachung und als Radio- und Fernsehsender. Jedes Jahr fahren Millionen von Parisbesuchern mit dem Aufzug in die Spitze des Turms hinauf und genießen den herrlichen Blick über die Stadt.

▼ **Der Eiffelturm**
Eigentlich ist der Eiffelturm nur 300 Meter hoch, doch mit den Radio- und Fernsehantennen mißt er 321 Meter. Der Turm wurde in der erstaunlich kurzen Zeit von nur 17 Monaten fertiggestellt.

● **Für die Eltern**

Paris ohne Eiffelturm ist heutzutage unvorstellbar. Er ist das Wahrzeichen der Stadt. Doch als der Turm 1889 erbaut wurde, gab es heftige Kritik. Viele empfanden ihn als zu modern für das traditionelle Stadtbild von Paris.

Einige der höchsten Bauten der Welt

Infolge des technischen Fortschritts werden die Türme immer höher.

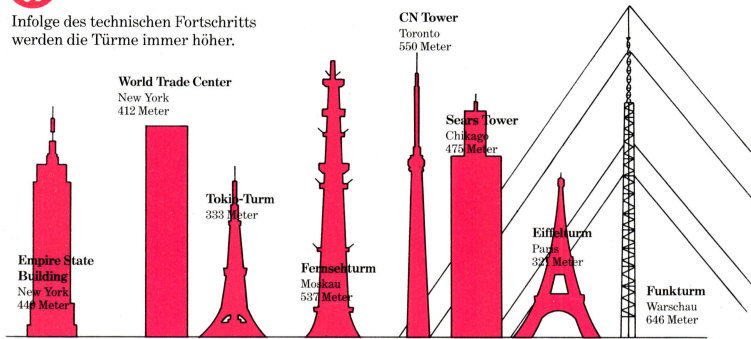

Empire State Building New York 449 Meter

World Trade Center New York 412 Meter

Tokio-Turm 333 Meter

Fernsehturm Moskau 537 Meter

CN Tower Toronto 550 Meter

Sears Tower Chikago 475 Meter

Eiffelturm Paris 321 Meter

Funkturm Warschau 646 Meter

Paris hat noch viele andere Sehenswürdigkeiten

Paris ist die Hauptstadt von Frankreich. Mitten durch die Stadt fließt die Seine. Am rechten Ufer der Seine liegen die Champs-Elysées, der Louvre, der Elysée-Palast und die Oper. Am linken Seine-Ufer liegen der Invalidendom und die Sorbonne mit dem Studentenviertel. Die Kathedrale Nôtre-Dame steht auf einer Insel in der Seine.

▲ **Triumphbogen.** Zur Erinnerung an Napoleons Siege.

▲ **Pariser Opernhaus.** Symbol französischer Kultur.

❓ Wann erlangte das Schloß von Versailles seine Bedeutung?

Antwort König Ludwig XIV. ließ das ehemalige kleine Jagdschloß zu einer prächtigen Residenz umbauen und stattete es mit prunkvollen Möbeln und Kunstgegenständen aus. Um das Schloß entstand ein herrlicher Park mit vielen Skulpturen und Brunnen. Heute gibt es in Frankreich keinen König mehr, doch das alte Schloß hat seine Anziehungskraft nicht verloren.

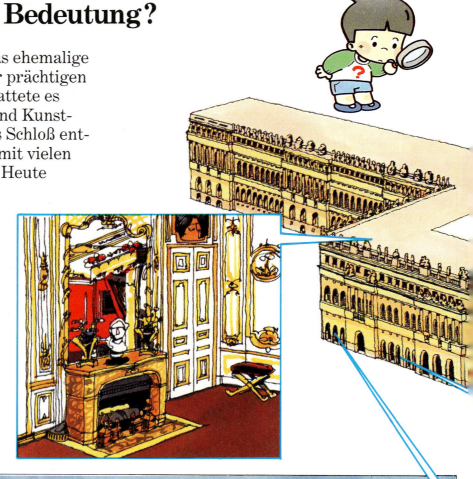

▶ **Das Schlafgemach Ludwigs XIV.**
Die Wände des königlichen Schlafgemachs sind mit Mustern aus Blattgold verziert.

▼ **Außenansicht.** Die geometrisch angelegten Parks und Gärten, die das Königsschloß von Versailles umgeben, sind wunderschön. In der Mitte des Hauptplatzes steht eine Reiterstatue, die Ludwig XIV. darstellt.

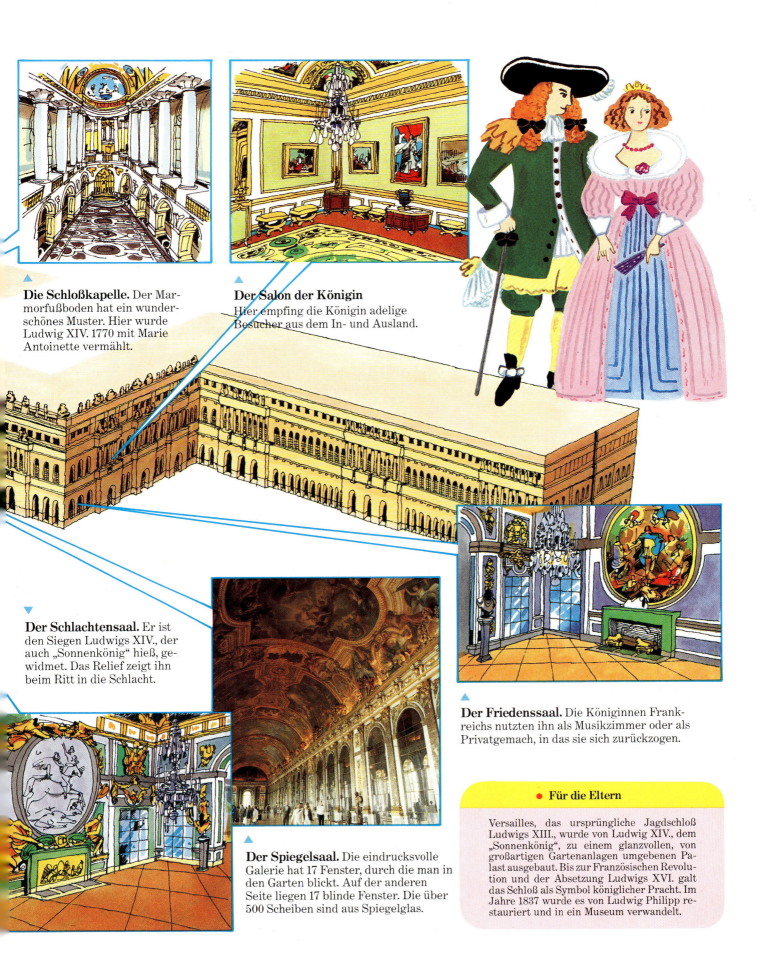

Die Schloßkapelle. Der Marmorfußboden hat ein wunderschönes Muster. Hier wurde Ludwig XIV. 1770 mit Marie Antoinette vermählt.

Der Salon der Königin Hier empfing die Königin adelige Besucher aus dem In- und Ausland.

Der Schlachtensaal. Er ist den Siegen Ludwigs XIV., der auch „Sonnenkönig" hieß, gewidmet. Das Relief zeigt ihn beim Ritt in die Schlacht.

Der Friedenssaal. Die Königinnen Frankreichs nutzten ihn als Musikzimmer oder als Privatgemach, in das sie sich zurückzogen.

Der Spiegelsaal. Die eindrucksvolle Galerie hat 17 Fenster, durch die man in den Garten blickt. Auf der anderen Seite liegen 17 blinde Fenster. Die über 500 Scheiben sind aus Spiegelglas.

• Für die Eltern

Versailles, das ursprüngliche Jagdschloß Ludwigs XIII., wurde von Ludwig XIV., dem „Sonnenkönig", zu einem glanzvollen, von großartigen Gartenanlagen umgebenen Palast ausgebaut. Bis zur Französischen Revolution und der Absetzung Ludwigs XVI. galt das Schloß als Symbol königlicher Pracht. Im Jahre 1837 wurde es von Ludwig Philipp restauriert und in ein Museum verwandelt.

15

❓ Warum sind die Höhlenmalereien von Lascaux so berühmt?

Antwort Die Höhlenmalereien von Lascaux stammen von Steinzeitmenschen – den sogenannten Cro-Magnons –, die vor ungefähr 25 000 Jahren lebten. Die etwa 100 Felsbilder stellen verschiedene Tiere dar, darunter auch einen Auerochsen. Einige der Malereien sind über 5 Meter hoch, und viele zeugen von bemerkenswerten künstlerischen Fähigkeiten.

▼ Die Felsbilder sind sehr naturgetreu.

◀ Menschen und Vögel
Das Höhlengebiet ▶

Wie sind die Bilder entstanden?

Die Höhlenbewohner verwendeten farbigen Ton und Kohle und malten mit den Fingern. Das Licht kam aus Steinlampen, in denen Tierfett verbrannte.

Wie wurden sie entdeckt?

Vier Jungen lief der Hund weg, als sie auf einer Wiese spielten. Sie dachten, er sei in ein kleines Loch gefallen, das sie im Gras erblickten. Sie vergrößerten das Loch und zwängten sich hindurch.

Verwundert standen sie mitten in einer großen Höhle, deren Wände mit faszinierenden Malereien bedeckt waren. Den kleinen Hund haben sie auch wiedergefunden. Dieser Vorfall ereignete sich 1940.

Die Höhlenmalereien von Altamira in Spanien

Die Wände der Höhlen in Altamira sind ebenfalls mit vielen Malereien bedeckt. Im Südwesten Frankreichs und in Nordspanien gibt es zahlreiche Höhlen mit Felsbildern und auch einigen Skulpturen. Als die ersten Höhlenmalereien entdeckt wurden, dachte man, sie seien noch nicht so alt. Inzwischen weiß man jedoch, daß sie vor vielen tausend Jahren entstanden sind.

Felsbilder in Altamira ▶

• Für die Eltern

Die Höhlenzeichnungen von Pferden, Rehwild und Wisenten, der Hauptnahrungsquelle der Höhlenbewohner, wurden zur Touristenattraktion von Lascaux. Doch das hatte negative Folgen. Anfang der 60er Jahre stellten Wissenschaftler fest, daß sich auf einigen Malereien Algen bildeten. Sie führten das auf die Feuchtigkeit durch den Atem der Besucher zurück. Im Jahre 1963 wurde die Höhle geschlossen, um weitere Schäden an den Felsbildern zu vermeiden. Heute kann man in einer anderen Höhle – der Lascaux 2 – wissenschaftlich genaue Nachbildungen der Höhlenzeichnungen besichtigen. Nachbildungen der Höhlenzeichnungen von Altamira sind ebenfalls für Besucher zugänglich.

Warum wird Venedig die Stadt der Kanäle genannt?

Antwort Die weltberühmte Stadt Venedig in Italien wurde vor langer Zeit auf 118 kleinen Inseln erbaut. Die Stadtteile werden von vielen Kanälen durchzogen. Wer in Venedig von einem Ort zum anderen gelangen will, nimmt sich meist ein Boot. Es gibt fast 400 Brücken, die die Inseln verbinden.

▶ Gondeln

Rialtobrücke

▲ Markuskirche

■ Die Gondeln von Venedig

Viele Venedigbesucher fahren mit der Gondel. Doch die Venezianer nehmen das Vaporetto oder das Linienboot, so wie man woanders mit dem Bus oder dem Auto fährt. Private Boote werden vor dem Haus vertäut.

◄ Gondeln gleiten auf einem der großen Kanäle dahin.

• Für die Eltern

Die Besiedelung Venedigs durch die Veneter setzte im 5. Jahrhundert n. Chr. ein. Sie kamen von den Küsten der Adria. Zu der Zeit war Venedig ein schlammiges, sumpfiges Gebiet, doch die Stadt gedieh und wurde eine bedeutende Handelsmacht. Während ihrer Blütezeit im 15. und 16. Jahrhundert war sie auch ein Zentrum der Künste. Heute hat Venedig große Probleme infolge der Luft- und Wasserverschmutzung. Diese hat zu Schäden an den schönen Marmorpalästen der Stadt geführt. Außerdem versinkt Venedig allmählich im Meer. Es bedarf größter Anstrengungen, um die Stadt und ihre Schätze vor weiteren Zerstörungen zu bewahren.

Kann man in Venedig Auto oder radfahren?

Man fährt in Venedig nicht mit dem Auto. Die wenigen Straßen der Stadt sind zu eng und haben zu viele Kurven. Fahrräder sind auch nicht so gut geeignet, weil die vielen Brücken in Venedig, die über die Kanäle führen, zahlreiche Stufen haben, so daß das Radfahren schwierig ist.

Daher ist das Boot das beste Fortbewegungsmittel in Venedig. Das Kanalsystem ist so gut ausgebaut wie in anderen Städten das Straßennetz. Mit dem Vaporetto oder dem Linienboot fahren die Leute zur Arbeit, zum Einkaufen oder ins Kino. Diese Art der Fortbewegung ist für sie ganz normal.

? Warum ist der Turm von Pisa schief?

▲ Der Marmorturm ist 56 Meter hoch.

Antwort

Der Schiefe Turm von Pisa ist weltberühmt. Er wurde zwischen 1174 und 1354 erbaut. Als die ersten drei Stockwerke fertig waren, senkte sich der sandige Untergrund. Deshalb ist der Turm schief. Messungen zufolge nimmt die Neigung immer mehr zu. Im Laufe von 10 Jahren neigt er sich jeweils um 1 Zentimeter. Man hofft, das Umfallen des Turmes verhindern zu können.

Oh, oh! Er kippt gleich um! Hoffentlich fällt er nicht auf mich.

Wie stark ist die Neigung?

Die Neigung nach Südosten beträgt jetzt 5,20 Meter. Ein Stein, den man von oben herunterfallen läßt, würde etwa 5 Meter vom Fuß des Turmes entfernt aufschlagen. Seit dem Jahre 1911 werden Messungen vorgenommen. Daher weiß man, daß die Neigung immer mehr zunimmt.

Oben ist er fast waagerecht

Nur der Glockenturm ist nicht so schief. Das liegt daran, daß er später gebaut wurde.

Galilei und der Schiefe Turm von Pisa

Der Physiker und Astronom Galileo Galilei, der 1564 in Pisa geboren wurde, soll zwei Kugeln, von denen die eine hundertmal so schwer war wie die andere, vom Turm heruntergeworfen haben, um zu beweisen, daß beide gleichzeitig am Boden aufschlagen. Selbst wenn diese Geschichte erfunden ist, so haben Galileis Versuche doch gezeigt, daß Gegenstände mit unterschiedlichem Gewicht die gleiche Fallgeschwindigkeit haben, wenn man von der Wirkung des Luftwiderstandes absieht. Durch Beobachtung der Kronleuchterbewegungen im Turm soll er außerdem die Pendelgesetze entdeckt haben.

Für die Eltern

Von Aristoteles bis zu Galilei hatte die Lehre vom freien Fall kaum Fortschritte gemacht. Man glaubte, daß beim Fall zweier Gegenstände, von denen einer 10mal schwerer als der andere war, der leichtere 10mal länger brauchen würde, bis er unten ankam. Es war nicht bekannt, daß Gegenstände von geringerer Dichte durch den Luftwiderstand gebremst werden, schwerere dagegen nicht. Dies bewiesen zu haben, schrieb man Galilei zu, obwohl der niederländische Physiker Simon Stevin zur selben Zeit ganz ähnliche Versuche durchführte.

❓ Wie alt ist das berühmte Kolosseum in Rom?

Antwort Es wurde vor fast 2000 Jahren als Amphitheater erbaut, als das Römische Reich seine Blütezeit erlebte. Es war Schauplatz antiker Zeremonien und Kampfspiele. Ein Großteil des Bauwerks ist heute noch erhalten.

▲ Die Außenansicht des Kolosseums

■ In den Ruinen

Das Kolosseum war eines der bedeutendsten Bauwerke der römischen Antike. Der riesige, ellipsenförmige Bau ist fast 200 m lang, 170 m breit und 50 m hoch. In den vier Geschossen hatten 48 000 Menschen Platz.

■ **Hier kämpften Menschen gegen wilde Tiere**

Die Römer der Antike sahen im Kolosseum Kämpfen zwischen Gladiatoren und wilden Tieren zu. Um 80 n. Chr. wurde der Bau mit Kampfspielen eingeweiht, die 100 Tage dauerten. Viele Menschen und Tiere kamen dabei ums Leben.

Einige besondere Merkmale des Kolosseums

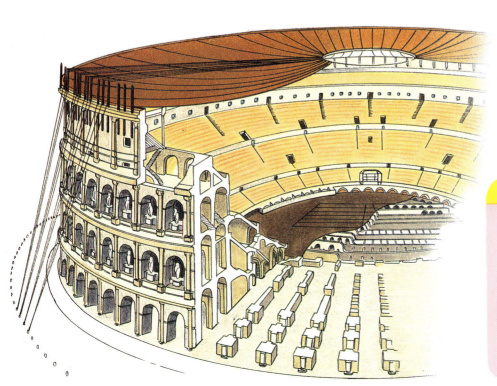

Über den Zuschauerrängen wurden Segeltuchbahnen gespannt, um die Menschen vor Sonne oder Regen zu schützen. Die Arena war so gebaut, daß die Mitte mit Wasser aufgefüllt werden konnte, wo dann Wasserschlachten veranstaltet wurden. Viele Gänge und Treppen führten zu den Rängen des Amphitheaters.

● Für die Eltern

Das Kolosseum wurde bis etwa 500 n. Chr. genutzt. Im Mittelalter stürzte ein Teil der Mauern durch ein Erdbeben ein. Später wurden Steine herausgebrochen und zum Kirchenbau verwendet. Heute ist das Amphitheater in einem sehr baufälligen Zustand. Dennoch zeugt das Kolosseum vom schöpferischen Geist der alten Römer und gehört zu den großartigsten Denkmälern Roms, die heute eine Touristenattraktion darstellen.

❓ Wie sah die Ruinenstadt Pompeji vor dem Vulkanausbruch aus?

Antwort Pompeji lag am Fuße des Vesuv und war im antiken Italien eine betriebsame Stadt mit blühendem Handel. Der Vulkanausbruch im Jahre 79 n. Chr. begrub die Stadt und ihre fast 15 000 Einwohner unter einer bis zu 8 Meter hohen Aschen- und Bimssteinschicht. Seit 1860 wird Pompeji wieder ausgegraben. Es bietet ein Bild vom Leben in einer altrömischen Stadt.

▼ Die Hauptstraße

▲ Öffentliche Bäder

Amphitheater ▶

● Für die Eltern

Pompeji war eine blühende Stadt; dennoch war sie nicht sonderlich bekannt. Obwohl mit Rom verbündet, wurde sie um 100 v. Chr. von den Römern zu einer Kolonie gemacht. Es gibt wenige schriftliche Zeugnisse über Pompeji, nicht einmal von dem römischen Schriftsteller Plinius dem Älteren, der bei dem Vulkanausbruch ums Leben kam, als er Freunde aus dem nahe gelegenen Stabiae retten wollte. Aufschluß über Pompejis Vergangenheit haben uns vor allem die Ausgrabungen der Ruinenstadt gegeben. Erst 1964 wurde die Villa Oplontis entdeckt.

■ Die Stadt Pompeji

Die Straßen Pompejis waren rechtwinklig angelegt und gepflastert. Die öffentlichen Einrichtungen waren für die damalige Zeit sehr fortschrittlich.

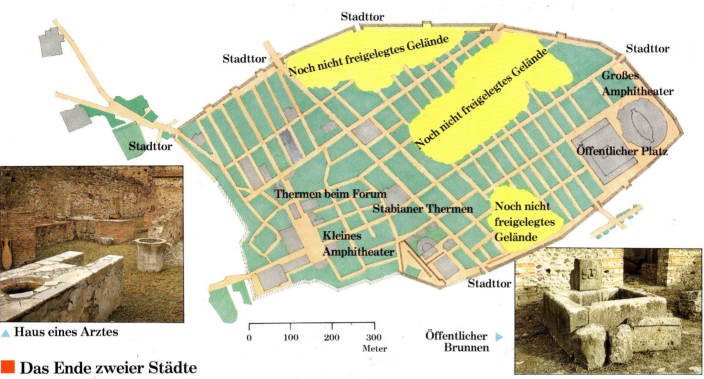

▲ Haus eines Arztes

▶ Öffentlicher Brunnen

■ Das Ende zweier Städte

Nicht nur Pompeji, auch das gut 14 Kilometer entfernte Herculaneum wurde verschüttet. 17 Jahre zuvor waren beide Städte durch ein Erdbeben zerstört worden. Noch bevor der Wiederaufbau beendet war, brach der Vesuv aus.

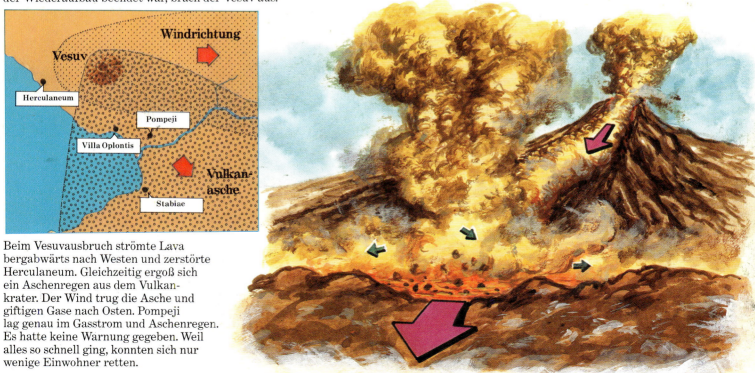

Beim Vesuvausbruch strömte Lava bergabwärts nach Westen und zerstörte Herculaneum. Gleichzeitig ergoß sich ein Aschenregen aus dem Vulkankrater. Der Wind trug die Asche und giftigen Gase nach Osten. Pompeji lag genau im Gasstrom und Aschenregen. Es hatte keine Warnung gegeben. Weil alles so schnell ging, konnten sich nur wenige Einwohner retten.

❓ Wie heißt der kleinste Staat der Welt?

Antwort Mit einer Größe von knapp einem halben Quadratkilometer ist die Vatikanstadt das kleinste Land der Welt. Nur 1500 Menschen leben dort. Der Vatikan liegt im Herzen der Stadt Rom und wurde im Jahre 1929 unabhängiges päpstliches Staatsgebiet.

■ Wie groß ist er?

Er hat ungefähr die Größe von 60 Fußballfeldern.

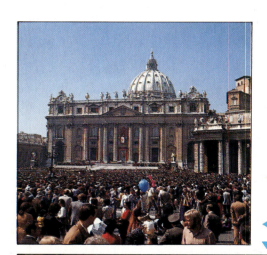

◀ Menschenmengen auf dem Petersplatz.
▼ Luftaufnahme vom Petersplatz.

■ Die Einrichtungen des Vatikans

Außer dem Petersdom, dem wohl eindrucksvollsten katholischen Kirchenbau der Welt, und dem Petersplatz verfügt der Vatikan über ein Museum, eine Bibliothek, eine Radiostation, eine Zeitung und einen Bahnhof. Es gibt keine Zollschranken oder sonstigen Grenzeinrichtungen.

Der Vatikan wird von der Schweizergarde bewacht. Ihre prächtigen Uniformen wurden von Michelangelo entworfen, dem großen italienischen Künstler, dessen Gemälde in vielen dieser Gebäude zu sehen sind.

Die fünf kleinsten Länder

Jedes dieser kleinen Länder hat seine Anziehungspunkte, die sie zu einem beliebten Touristenziel machen.

1 **Vatikanstadt** 0,44 km²

2 **Monaco** 1,9 km²

3 **Nauru** 21 km²

4 **San Marino** 62 km²

5 **Liechtenstein** 160 km²

Legte man diese fünf winzigen unabhängigen Staaten zusammen, würden sie nur etwa ein Drittel der Fläche von Hamburg bedecken.

• Für die Eltern

Obwohl der Vatikan ein selbständiger Staat ist, stellt er keine eigenen Reisepässe aus. Auf Ein- oder Ausfuhren wird keine Steuer oder Zoll erhoben, und die Währung ist die gleiche wie in Italien. Als Oberhaupt der römisch-katholischen Kirche übt der Papst die oberste Staatsgewalt in der Vatikanstadt aus. Von überall kommen die Menschen, um sich die Gemälde, Skulpturen und andere berühmte Kunstwerke in den Vatikanischen Sammlungen anzusehen.

Warum haben die Griechen den Parthenon gebaut?

Antwort Der Parthenon wurde im 5. Jahrhundert v. Chr. gebaut. Die Griechen errichteten diesen Tempel zu Ehren der Göttin Athene. Sie galt als die Schutzgöttin der Stadt Athen. Heute überragen die Ruinen des Parthenons die griechische Hauptstadt.

▼ **Der Parthenon**

Die Göttin Athene

Die alten Griechen glaubten, daß die Göttin die Macht habe, Athen vor Schaden zu bewahren. Als der Parthenon auf der Akropolis, einer hochgelegenen Burg inmitten der Stadt, erbaut wurde, stand im Tempelinneren eine große Statue der Athene.

Der Stolz von Athen

Das antike Griechenland bestand aus einer Reihe von Stadtstaaten. Der größte war Athen, das rund um eine Stadtburg, die Akropolis, lag. Auf ihr erhebt sich der Athenetempel.

Akropolis
Parthenon

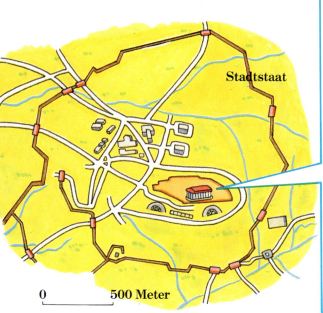
Stadtstaat

0   500 Meter

 ### Wie wurden diese hohen Säulen gebaut?

Der Parthenon ist für seine bis zu 10 Meter hohen Säulen berühmt. Sie bestehen aus Marmorzylindern, die fugenlos aufeinandergesetzt wurden. Holz- oder Metallzapfen, die in den Marmor eingelassen wurden, halten die Steine zusammen.

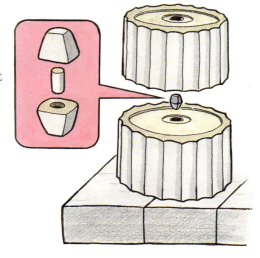

• **Für die Eltern**

Der Stadtstaat Athen hatte die Führungsrolle im antiken Griechenland. Mittelpunkt der Stadt war die Akropolis, auf der sich der Parthenon erhob. Er galt als das große Meisterwerk der griechischen Antike. Im Laufe der Zeit hat der Parthenon ein wechselvolles Schicksal erlebt. So soll er einst eine christliche Andachtsstätte gewesen sein. Als die Osmanen gut 1000 Jahre später in Griechenland einfielen, wurde er zur Waffenkammer. Er hat in den letzten Jahren stark unter der von Smog und Abgasen verunreinigten Luft gelitten, doch Restaurierungsarbeiten sind im Gange und scheinen erfolgreich zu sein.

❓ Was sind Fjorde, und wie sind sie entstanden?

Antwort Fjorde sind lange, schmale Meeresbuchten mit steilen Seitenwänden. Sie wurden in der Eiszeit von talabwärts wandernden Gletschern gebildet, die sich tief in die Gebirgstäler gruben. Das Meer brachte das Eis zum Schmelzen und drang in die Täler ein. Skandinavien hat viele Fjorde.

Geirangerfjord, Norwegen ▶

■ Wie Fjorde entstanden sind

Das Gebirge ist ganz von Gletschern bedeckt.

Die Gletscher bewegen sich langsam talabwärts.

❓ Und wie sind Gletscher entstanden?

In Hochgebirgen sowie in der Arktis und der Antarktis liegt das ganze Jahr über Schnee. Selbst im Sommer taut er nicht weg. Neuer Schnee fällt auf den alten, und die Schneedecke wächst. Durch den gewaltigen Druck wird der unten liegende Schnee zu Gletschereis. Gletscher sind riesige Eisströme, die langsam die Berghänge hinuntergleiten.

Viele tausend Jahre lang wäscht das Gletschereis die Täler aus, bis das Meer eindringt.

• Für die Eltern

Die Fjorde – tiefe Meeresarme mit hohen, steilen Talwänden – gehören zu dem typischen geologischen Formenschatz der skandinavischen Küsten. Fjorde sind durch glaziale Erosion aus Gebirgstälern entstanden. Gletscher bilden sich durch jahrtausendelange Schneeanhäufung. Liegen sie in Gebirgstälern, spricht man von Talgletschern; große, mit Gletschern bedeckte Flächen (z. B. Grönland, Antarktis) werden als Inlandeis bezeichnet. Die Gletscherströme bewegen sich mit einer Geschwindigkeit von 2 cm bis 1,20 m am Tag vorwärts. Ihre Kraft ist weitaus größer als die eines Flusses, und sie schürfen die Talhänge stark ab. Der Glazialerosion verdanken wir viele Naturschönheiten unserer Erde.

Was ist der Kreml?

Antwort Das Wort „Kreml" bedeutet Festung im Russischen. Der Kreml liegt auf einem Hügel in Moskau, der Hauptstadt der Sowjetunion. Dort hat die sowjetische Regierung ihren Sitz. Die zahlreichen Gebäude des Kreml sind von einer hohen Mauer aus rotem Backstein umgeben. Neben Regierungsgebäuden befinden sich dort Museen und andere Sehenswürdigkeiten.

▼ Verkündigungskathedrale

▼ Großer Kremlpalast

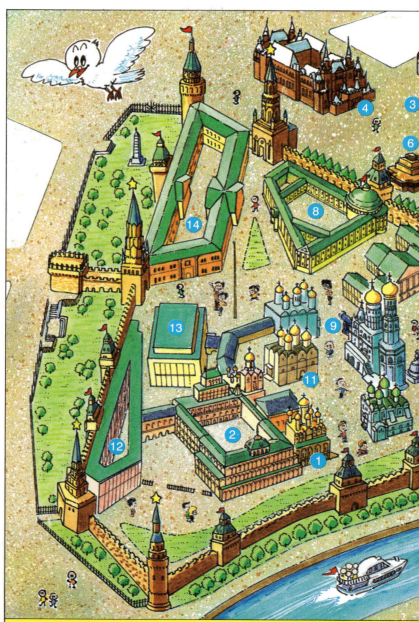

1. Verkündigungskathedrale, 2. Großer Kremlpalast, 3. Roter Platz, 4. Historische Kathedrale, 6. Lenin-Mausoleum, 7. Erlöser-Turm, 8. Sitz des Ministerrats, 9. Zarer 11. Mariä-Himmelfahrts-Kathedrale, 12. Rüstkammer, 13. Kongreßpalast, 14. Arsena

▲ Roter Platz

...useum, 5. Basilius-
...none, 10. Zarenglocke,
... GUM-Kaufhaus

▲ Historisches Museum

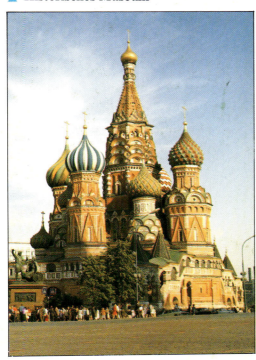
▲ Basilius-Kathedrale

Zarenglocke und Zarenkanone

Die Glocke wiegt 180 Tonnen, die Kanone 38 Tonnen. Sie sind niemals zum Einsatz gekommen.

Für die Eltern

Burgartige Anlagen – sogenannte Kreml – wurden im Mittelalter im Zentrum zahlreicher russischer Städte errichtet; viele sind heute noch erhalten. Am bekanntesten ist der Kreml in Moskau. Die Sowjetregierung, der Oberste Sowjet, hat ihren Sitz im Großen Kremlpalast. Entgegen dem Vorurteil, daß das Betreten des Kreml unmöglich sei, werden dort jeden Tag viele Besucher registriert. Im Kreml sind Kunstschätze aus der Zarenzeit zu besichtigen.

33

Welche Bedeutung hat die Freiheitsstatue im Hafen von New York?

Antwort Die Freiheitsstatue im Hafen von New York ist ein Symbol der Freiheit. Sie wurde in Frankreich von dem Bildhauer Frederic Bartholdi gefertigt und ist ein Geschenk des französischen Volkes. Sie erinnert an die Unterstützung, die die Franzosen den USA im Unabhängigkeitskrieg gewährten. Die Statue wurde 1886 vom damaligen amerikanischen Präsidenten Grover Cleveland eingeweiht.

▼ Seit über 100 Jahren grüßt die Freiheitsstatue im New Yorker Hafen aus rund 90 Meter Höhe die Besucher Amerikas.

Etwa 46 Meter

Etwa 27 Meter

Die Statue wurde in Frankreich entworfen und gebaut

In den 70er Jahren des 18. Jahrhunderts kämpften die amerikanischen Kolonien für ihre Unabhängigkeit von England. Frankreich schickte Truppen, um den Amerikanern zu helfen. Die Freiheitsstatue ist ein Denkmal für diesen Akt der Freundschaft. Die Abbildungen zeigen, wie sie entstand.

▲ Bartholdi formte zunächst ein kleines, dann ein etwas größeres Tonmodell.

▼ Das dritte Modell hatte ein Viertel der geplanten Größe und diente Bartholdi als Vorbild für die eigentliche Statue.

▼ Die Statue wurde nach dem Modell in Kupfer gegossen.

▲ Der Kopf wurde zuletzt gefertigt.

▼ Die 200 Tonnen schwere Statue wurde zerlegt und auf einem französischen Schiff nach New York transportiert. Die Montage dauerte Jahre.

▶ Ein Stahlrahmen sollte verhindern, daß sich die Kupferteile verzogen. Die Statue wurde auf einen Sockel gestellt, den die Amerikaner errichtet hatten.

• Für die Eltern

Schon bald nach der Einweihung vor gut 100 Jahren wurde die Statue zum Symbol Amerikas. Doch verwitterte sie stark und mußte restauriert werden. Anläßlich der Hundertjahrfeier vereidigte der Oberste Richter Warren E. Burger 5000 amerikanische Neubürger auf Liberty Island, dem Standort der Freiheitsstatue; 20 000 weitere Neubürger legten den Schwur per Satellitenübertragung ab.

Wozu gibt es Nationalparks?

Antwort Zu den größten Sehenswürdigkeiten Nordamerikas zählen die Nationalparks. Es sind Gebiete, die besonders geschützt sind, weil sich dort einzigartige Landschaften, Naturwunder oder Kulturdenkmäler befinden.

▲ **Yosemite-Nationalpark: Kalifornien.** Hier kann man den zweithöchsten Wasserfall der Welt, gewaltige Felsen und jahrhundertealte Mammutbäume bewundern.

▲ **Sequoia-Nationalpark: Kalifornien.** Die hier wachsenden Mammutbäume, eine Rotholzart, zählen zu den ältesten und größten Pflanzen der Welt. Viele sind 3000 bis 4000 Jahre alt einige haben einen Durchmesser von über neun Metern.

■ **Die Nationalparks**

Die Nationalparks der USA sind über das ganze Land verstreut – von Alaska bis Hawaii und den Jungferninseln. Der Kongreß der Vereinigten Staaten entscheidet, welche Gebiete zu Nationalparks erklärt werden. Gegenwärtig gibt es etwa 50. Alljährlich kommen Millionen von Menschen, die hier Natur erleben und Erholung suchen.

◀ **Yellowstone-Nationalpark: Wyoming, Montana und Idaho**
Dies ist der älteste und auch größte Nationalpark der USA. Der berühmte „Old Faithful" ist einer von 10 000 Geysiren. Es gibt viele Tiere, Seen, Flüsse und Wasserfälle. Im Jahre 1988 wurden große Waldflächen durch ein Feuer zerstört, und es wird wahrscheinlich Jahre dauern, bis die Wälder wieder aufgeforstet sind.

▼ **Mesa Verde Colorado:**
Dieser Park ist berühmt wegen seiner zerklüfteten Landschaft und der Höhlenbauten der Pueblo-Indianer.

Everglades-Nationalpark

1 Acadia
2 Shenandoah
3 Biscayne
4 Great Smoky Mountains
5 Hot Springs
6 Mammoth Cave
7 Isle Royale
8 Voyageurs
9 Theodore Roosevelt
10 Wind Cave
11 Badlands
12 Rocky Mountains
13 Carlsbad Caverns
14 Guadalupe Mountains
15 Big Bend
16 Petrified Forest
17 Grand Canyon
18 Zion
19 Bryce Canyon
20 Capitol Reef
21 Canyonlands
22 Arches
23 Grand Teton
24 Glacier
25 Mount Revelstoke
26 North Cascades
27 Olympic
28 Mount Rainier
29 Crater Lake
30 Redwood
31 Lassen Volcanic
32 Kings Canyon
33 Channel Islands

▲ **Everglades-Nationalpark: Florida.** Dieser Park ist ein großes Sumpfgebiet, das sich quer über Südflorida erstreckt. Er ist berühmt für seine üppige Tier- und Pflanzenwelt. Viele gefährdete Arten wie Alligatoren und Weißkopfadler leben hier.

● **Für die Eltern**

Die amerikanischen Nationalparks sind riesig. Der Yellowstone-Nationalpark ist gut viermal so groß wie das Saarland. Daher ist es unmöglich, die Parks zu Fuß zu durchqueren. Um möglichst viel zu sehen, fahren die Touristen für gewöhnlich mit dem Auto oder dem Bus; einige nehmen auch das Flugzeug oder den Hubschrauber. Englischsprachige Hinweistafeln und Wegweiser mit internationalen Symbolen erleichtern ausländischen Besuchern die Orientierung.

❓ Wie ist der Grand Canyon entstanden?

Antwort Der Grand Canyon in Arizona (USA) ist über 320 km lang und an manchen Stellen 1600 m tief. Der Colorado hat die riesige Schlucht in mehreren Millionen Jahren in das Gestein gewaschen. Selbst heute noch trägt der reißende Fluß Stück für Stück ab.

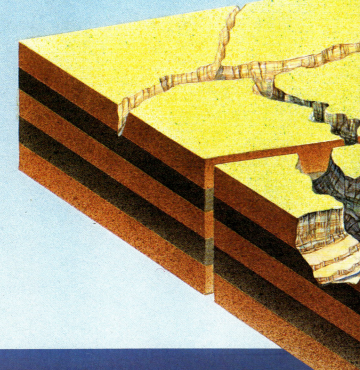

▼ **Der Grand Canyon**

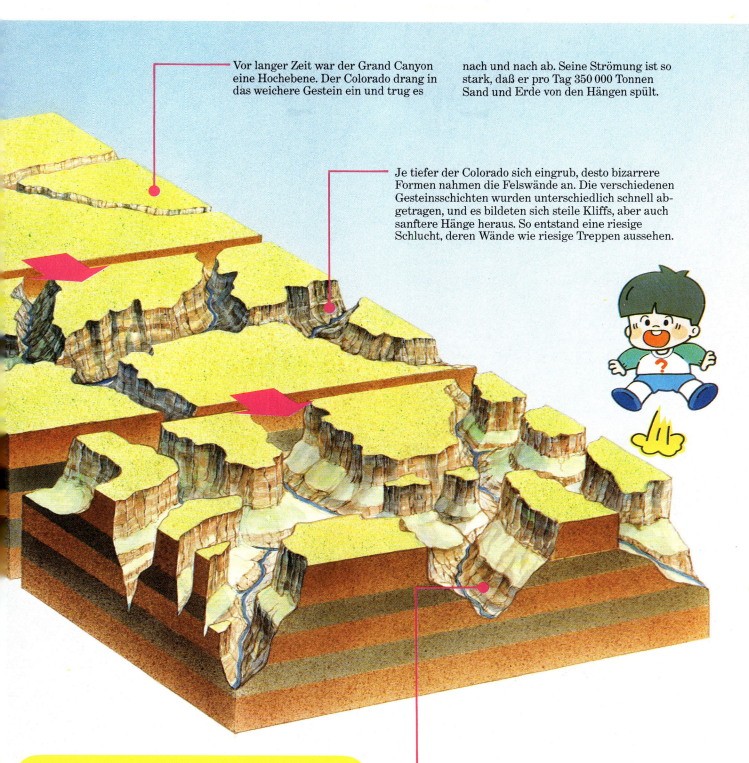

Vor langer Zeit war der Grand Canyon eine Hochebene. Der Colorado drang in das weichere Gestein ein und trug es nach und nach ab. Seine Strömung ist so stark, daß er pro Tag 350 000 Tonnen Sand und Erde von den Hängen spült.

Je tiefer der Colorado sich eingrub, desto bizarrere Formen nahmen die Felswände an. Die verschiedenen Gesteinsschichten wurden unterschiedlich schnell abgetragen, und es bildeten sich steile Kliffs, aber auch sanftere Hänge heraus. So entstand eine riesige Schlucht, deren Wände wie riesige Treppen aussehen.

Die vielfarbigen Steilhänge des Grand Canyon lassen erkennen, daß zahlreiche Gesteinsarten übereinander lagern. In den untersten Schichten fanden Geologen versteinerte Meerestiere, deren Alter man auf 570 Millionen Jahre schätzt. Weiter oben wurden versteinerte Farne entdeckt, die rund 280 Millionen Jahre alt sind. Die Gesteinsschichten zeigen, daß das Land zeitweise vom Meer überspült war. Der Canyon ist ein Museum der Erdgeschichte.

● **Für die Eltern**

Der Grand Canyon ist vielleicht der bekannteste amerikanische Nationalpark. Der Canyon selbst ist eine riesige Schlucht, in die man – gewöhnlich mit dem Maultier – auf landschaftlich schönen Pfaden hinuntersteigen kann. Unter den Fossilien, die in den freigelegten Talwänden entdeckt wurden, findet man Kiefernnadeln, Libellen und sogar Haie. Das läßt darauf schließen, daß dieses Gebiet abwechselnd unter und über dem Meer gelegen hat. Der Grand Canyon ist ein wahres Wunderwerk der Natur.

Wessen Köpfe wurden in den Mount Rushmore gehauen?

Antwort Die steinernen Porträts am Mount Rushmore stellen die Köpfe von vier bedeutenden amerikanischen Präsidenten dar. Es sind George Washington, Thomas Jefferson, Abraham Lincoln und Theodore Roosevelt. Dieses Nationaldenkmal befindet sich im Südwesten von South Dakota und wird jedes Jahr von über einer Million Touristen besucht.

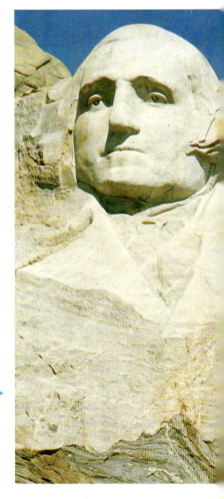

Nationaldenkmal
Die vier Präsidenten (von links nach rechts) sind George Washington, Thomas Jefferson, Theodore Roosevelt und Abraham Lincoln.

Warum waren diese vier Präsidenten so bedeutend?

George Washington (1732–1799)
Unter ihm hat das amerikanische Volk den Unabhängigkeitskrieg gewonnen. Er wirkte bei der Verfassung der neuen Nation mit und wurde zu ihrem ersten Präsidenten gewählt.

Thomas Jefferson (1743–1826)
Er verfaßte die amerikanische Unabhängigkeitserklärung. Als wohlhabender Gutsherr studierte er Jura und war Kongreßmitglied, bevor er 1808 zum Präsidenten gewählt wurde.

40

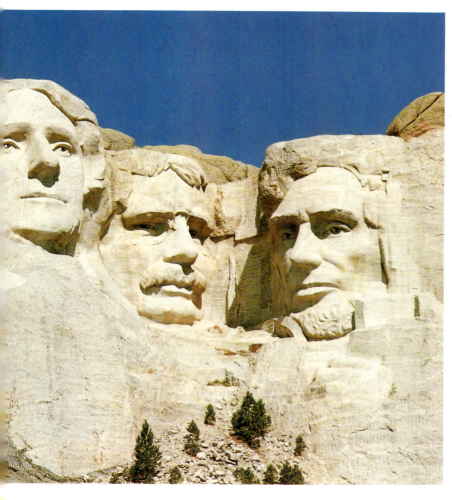

■ Riesige Köpfe

Washingtons Kopf ist fast 18 Meter hoch. Eine im gleichen Maßstab gefertigte vollständige Statue des Präsidenten hätte demnach eine Höhe von etwa 142 Metern.

● Für die Eltern

Der Bildhauer Gutzon Borglum nahm die Arbeit am Mammutprojekt von Mount Rushmore 1927 auf. Schlechtes Wetter und Geldmangel führten zu häufigen Verzögerungen. Es vergingen über 14 Jahre, bis das Projekt fertiggestellt war. Zu diesem Zeitpunkt lebte Borglum nicht mehr; sein Werk wurde von seinem Sohn Lincoln vollendet.

Abraham Lincoln (1809–1865)
Lincoln wandte sich gegen die Sklaverei. Als er 1860 als Präsidentschaftskandidat aufgestellt wurde, traten elf Südstaaten aus der Union aus. Ein Jahr später kam es zum Krieg.

Theodore Roosevelt (1858–1919)
Er war ein fortschrittlich denkender Präsident, dem auch das Wohl des kleinen Mannes am Herzen lag. Er veranlaßte, daß weite Teile Nordamerikas unter Naturschutz gestellt wurden.

❓ Wie ist der Versteinerte Wald entstanden?

Antwort Vor rund 200 Millionen Jahren war das Gebiet des Petrified-Forest-Nationalparks im heutigen Arizona (USA) bewaldet. Umgefallene Bäume wurden mit der Zeit von Erd- und Sandschichten überlagert. Im Laufe von Jahrmillionen versteinerten sie. Wind und Wasser trugen die Deckschicht allmählich ab, und die versteinerten Bäume kamen zum Vorschein. Der Wald nimmt eine Fläche von etwa 390 Quadratkilometer ein.

▶ Vor vielen Millionen Jahren waren diese Versteinerungen noch lebendige Bäume.

So werden Bäume zu Stein

Vor 200 Millionen Jahren bedeckte ein riesiges Dickicht aus Farnen, Kiefern und Zedern dieses Gebiet im östlichen Arizona. Damals sah es dort ganz anders aus als heute.

Die Bäume starben nach und nach ab und fielen um. Eine gewaltige Flutwelle schwemmte sie in Bodenvertiefungen, wo sie mit der Zeit von Gestrüpp und Erdreich bedeckt wurden.

• Für die Eltern

Der Versteinerte Wald liegt in einer farbenprächtigen Wüstenlandschaft. Der Sandboden, der die Bäume bedeckte, begünstigte den Versteinerungsprozeß vermutlich. Die Bäume zersetzten sich nur sehr langsam und wurden mit der Zeit zu Fossilien. Bei diesem Vorgang werden die natürlichen Baumfasern durch Kieselerde ersetzt, und zwar so naturgetreu, daß die Innen- und Außenstrukturen der Bäume vollkommen erhalten bleiben.

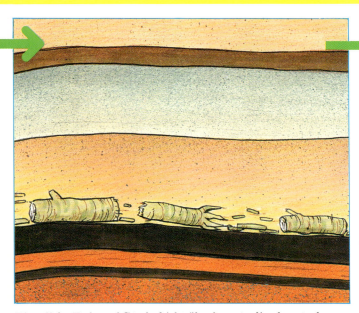

Eine dicke Erd- und Sandschicht überlagerte die abgestorbenen Bäume. Statt schnell zu verwesen wurden die Bäume zu Fossilien und bildeten einen versteinerten Wald.

Im Laufe von Millionen Jahren wurde die Schicht aus Gestein und Sand vom Regen weggespült. Die versteinerten Bäume wurden freigelegt und sind heute eine Touristenattraktion.

Wie gelangen große Schiffe durch den Panamakanal?

Antwort Der Panamakanal in Mittelamerika verbindet den Atlantik mit dem Pazifik. Wie viele andere Kanäle hat er eine Reihe von Schleusen. Das sind riesige Becken mit Toren an beiden Seiten, die geöffnet werden können. Mit Hilfe von Schleusen können die Schiffe Gewässerabschnitte mit unterschiedlicher Wasserspiegelhöhe überwinden und über den Gatunsee fahren, obwohl er 26 Meter über dem Meeresspiegel liegt.

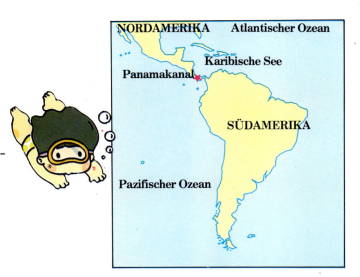

▲ Ein Frachtschiff auf dem Kanal. Große Schiffe werden von elektrischen Treidellokomotiven durch den Kanal gezogen.

Die Schleusen von Gatun

1 Schiffe, die vom Atlantik kommen, fahren in die Schleusenkammer A ein, deren Wasserspiegel auf Meereshöhe liegt. Das Schleusentor wird geschlossen. Der Wasserspiegel in Kammer B liegt höher als der in Kammer A. Durch Öffnen von Ventilen fließt Wasser aus Kammer B in Kammer A, bis der Wasserspiegel in beiden Kammern gleich ist. Das Schiff hebt sich mit dem steigenden Wasser. Tor A wird geöffnet, und das Schiff fährt in Kammer B.

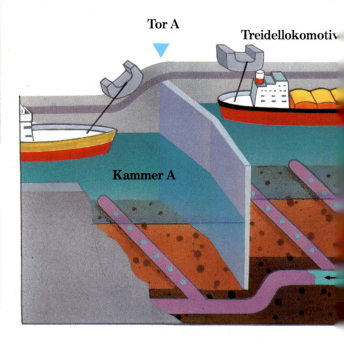

• Für die Eltern

Im Gegensatz zum Panamakanal hat der Suezkanal keine einzige Schleuse, da er auf seiner gesamten Länge (160 km) auf Meereshöhe liegt. Kanäle verkürzen Schiffahrtswege erheblich. Durch den Suezkanal verringert sich die Strecke London – Indien um 8800 km. Dank des Panamakanals ist die Entfernung zwischen der Karibik und den pazifischen Seehäfen Nordamerikas sogar um 13 000 km kürzer geworden.

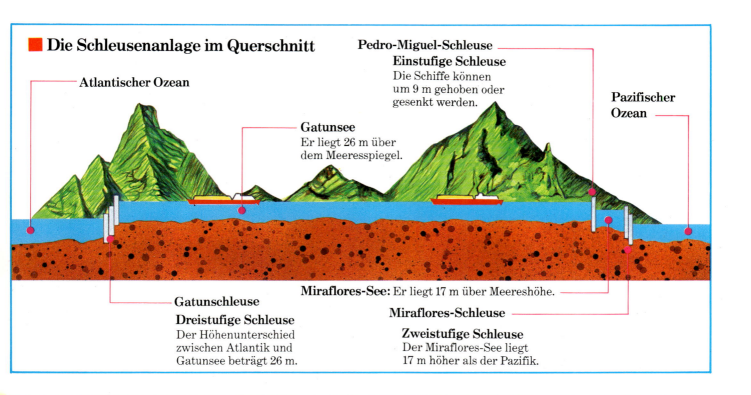

2 Wenn das Schiff in Kammer B ist, wird Tor A hinter dem Schiff geschlossen. Wasserspiegel und Schiff werden wie in Kammer A auf den Wasserstand von Kammer C gehoben.

3 Dasselbe wiederholt sich in Kammer C, wo das Schiff auf die Höhe des Gatunsees gehoben wird. Zuletzt öffnet sich das Tor zum See, und das Schiff kann weiterfahren. Aufgrund der vielen Schleusen dauert die Fahrt durch den Kanal ca. acht Stunden.

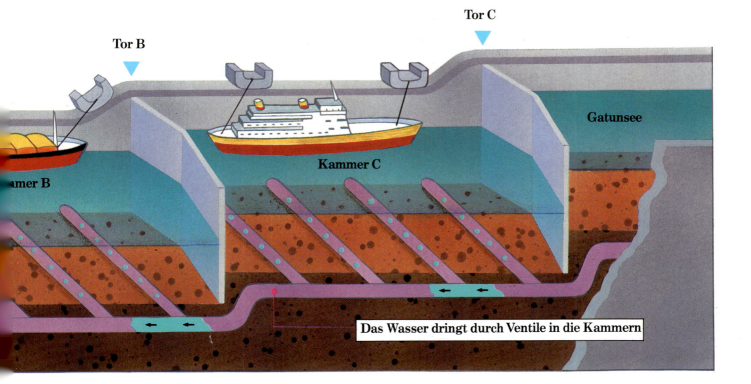

Welches ist der höchste Wasserfall?

Antwort Der höchste Wasserfall liegt in Südamerika. Die Angel Falls am Oberlauf des Caroni in Venezuela fallen 979 Meter tief herab. Die Wasserfälle liegen in dichtem tropischem Regenwald. Sie wurden nach dem amerikanischen Piloten James A. Angel benannt, der sie zufällig entdeckte, als er dort im Jahre 1937 notlanden mußte.

■ In gigantischen Stufen fällt das Wasser im Bergland von Guayana herab. Die höchste Stufe dieser gewaltigen Wasserfälle mißt 807 Meter.

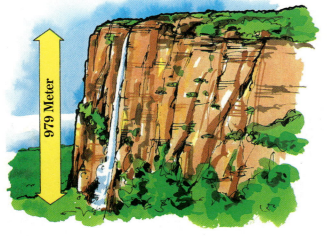

● **Für die Eltern**

Die Niagarafälle bestehen aus dem 60 m hohen Amerikanischen Fall und dem 48 m hohen Kanadischen Fall. Sie sind ein beliebtes Ausflugsziel, weil sie aufgrund ihrer Lage leicht zu erreichen sind. Dagegen werden die Angel Falls, die fast 20mal höher als die Niagarafälle sind, nur selten besucht, da man erst nach einer fünftägigen Schiffsreise dorthin gelangt.

■ Wie entstehen Wasserfälle?

1 Lava, die aus einem Vulkan dringt, kann den Oberlauf eines Baches oder Flusses abriegeln. Dadurch bildet sich ein See. Steigt das Wasser schließlich über den natürlichen Damm, entsteht ein Wasserfall.

2 Besteht ein Flußbett aus hartem und weichem Gestein, wird das weiche vom Flußwasser schneller weggewaschen. Dagegen bleibt das harte Gestein wie eine Stufe stehen, so daß ein Wasserfall entsteht.

3 Ein schnellfließender Fluß wäscht das Flußbett sehr viel stärker und tiefer aus als ein langsamer fließender Fluß. An der Stelle, wo ein langsam fließender Nebenfluß in den Hauptarm fließt, bildet sich dann ein Wasserfall.

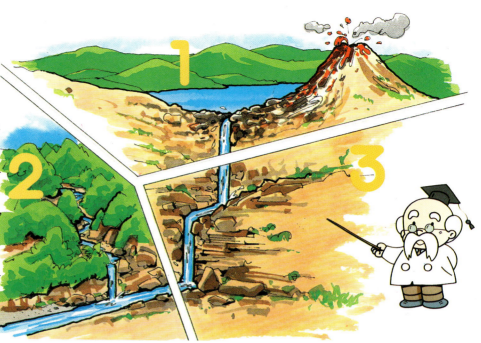

Wußtest du, daß ein Wasserfall wandern kann?

Die Kraft der Wassermassen, die über die Niagarafälle herabstürzen, ist so gewaltig, daß sie das Grundgestein abtragen. Dadurch verlagern sich die Wasserfälle jedes Jahr um etwa einen Meter flußaufwärts.

◄ Ausflug zu den Niagarafällen

▼ Die Verlagerung der Niagarafälle

■ Wie ein Wasserfall das Gestein auswäscht

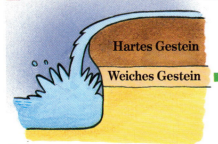

Das über das Gestein fließende Wasser trifft hart auf das weichere Gestein am unteren Teil des Wasserfalls.

Das Wasser unterspült die Stufe und trägt das Gestein ab. Dieser Vorgang kann Millionen von Jahren dauern.

Ursprüngliche Stufe

Ist das untere Gestein abgetragen, hat das harte darüber keinen Halt mehr und bricht infolge des Drucks ein.

❓ Hast du schon einmal etwas von der alten Inkastadt Machu Picchu gehört?

Antwort Die Stadt Machu Picchu liegt hoch in den peruanischen Anden. Man nimmt an, daß die Inkas sie erbauten, um sich dort vor den spanischen Eroberern zu verstecken. Die Inkas waren berühmt für ihre Baukunst.

■ Karte von Machu Picchu

Die Stadt war planmäßig angelegt mit einem Tempel und einem großen Platz.

1. Wachtposten
2. Terrassenfelder
3. Wasserleitungen
4. Palast der Königin
5. Palast des Königs
6. Tempel
7. Opferstein
8. Haupttor

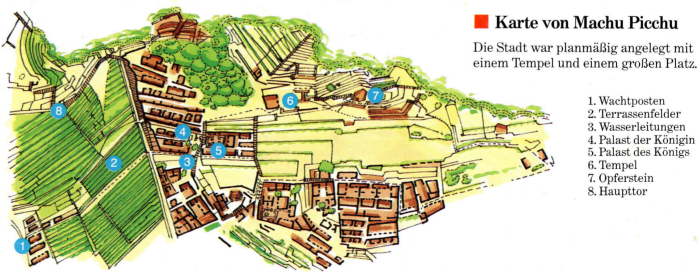

Das Inkareich

Die Inkas waren eine indianische Adelskaste, die einen großen Teil Südamerikas beherrschte. Mittelpunkt ihres Reiches, das seine Blütezeit im 15. und Anfang des 16. Jahrhunderts erlebte, war die Stadt Cusco. Spanische Eroberer zerstörten das Inkareich im Jahre 1532.

▲ Dieser Tempel war der Königin und der Sonne geweiht.

▲ Reste von Wohnhäusern der einfachen Bevölkerung.

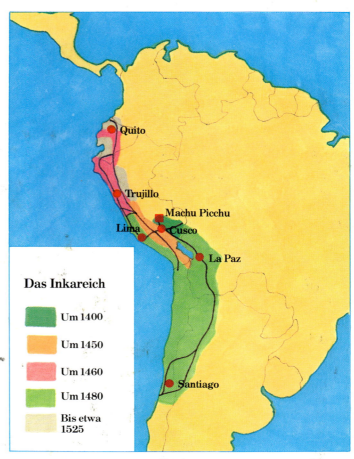

Das Inkareich
- Um 1400
- Um 1450
- Um 1460
- Um 1480
- Bis etwa 1525

Die Inkakultur – eine Kultur der Gegensätze

Einerseits war ihre Baukunst hochentwickelt, andererseits kannten die Inkas keine geschriebene Schrift und benutzten eine Knotenschrift.

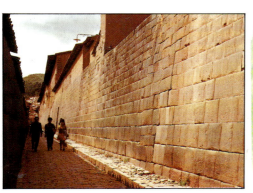
▲ Viele Straßen waren von Mauern gesäumt.

▲ Diese Knoten erzählen eine Geschichte.

• Für die Eltern

Machu Picchu ist die besterhaltene Ruinenstadt der Inkas. Es gibt verschiedene Theorien über ihre Bestimmung: Einige halten sie für einen Stützpunkt zur Eroberung des Amazonasgebietes, andere für eine religiöse Stätte oder eine geheime Stadt. Es gibt aber kaum Anhaltspunkte, die zur Aufklärung der geheimnisumwobenen Inkakultur beitragen können. So lebt z. B. auch niemand mehr, der die Bedeutung des Quipu, der Knotenschrift, entziffern könnte.

Wodurch sind die Galapagosinseln so bekannt?

Antwort Die Galapagosinseln sind bekannt wegen der ungewöhnlichen Tierarten, die dort leben. Die Inselgruppe ist vor vielen Millionen Jahren durch untermeerische Vulkane entstanden. Sie liegt weitab vom Festland im Pazifischen Ozean. Ihr Name kommt aus dem Spanischen und bedeutet „Schildkröte".

Quito
Äquator
ECUADOR
Pazifischer Ozean

▶ **Fregattvogel.** Das Männchen hat einen roten Kehlsack, das Weibchen dagegen nicht.

▼ **Landleguan.** Diese große Echse ernährt sich von den fleischigen Blättern des Kaktus. Sie liegt gern in der Sonne und hat keine Scheu vor dem Menschen.

▲ **Elefantenschildkröte.** Diese Riesenlandschildkröte wird bis zu 250 kg schwer und erreicht eine Länge von 1,10 m.

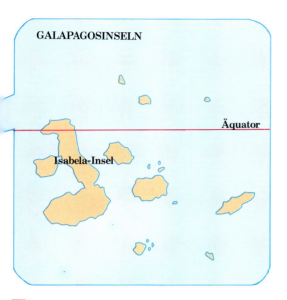

Darwin und die Galapagosinseln

Der Naturforscher Charles Darwin, der die Galapagosinseln besuchte, beobachtete die dort lebenden Tiere. Er stellte eine Theorie darüber auf, wie sich diese Tierarten im Laufe der Zeit entwickelten. Diesen Entwicklungsprozeß der Arten nennt man Evolution.

▲ Charles Darwin

Der erste Galapagosfink

■ Die Galapagosinseln

Obwohl sie am Äquator liegen, werden die Inseln von kalten Meeresströmungen beeinflußt. Es ist kaum Süßwasser vorhanden. Der Boden ist felsig und nur spärlich bewachsen. Es gibt viele Vulkane, die noch heute aktiv sind.

■ Galapagos-Pinguine

Pinguine und Robben können hier leben, weil die kalten Meeresströmungen die Wassertemperatur bei 15° C halten. Das ist für diese Tiere gerade richtig.

Dieser frißt Pflanzen und Insekten.　　Dieser sucht Kakteen nach Raupen ab.　　Dieser Fink frißt nur Pflanzen.

▲ Die Finken auf den Galapagosinseln haben unterschiedliche Schnabelformen, je nachdem wovon sie sich ernähren. Sie sollen aber alle von einer einzigen Finkenart abstammen, was Darwin zu erklären versuchte.

● Für die Eltern

Galápagos ist das spanische Wort für Schildkröte. Die nur hier lebende Galapagos-Elefantenschildkröte ist typisch für die als prähistorisch bezeichneten Tierarten, die die Inseln bevölkern. Die Meerechse ist ebenfalls einzigartig, da sie sich von Algen ernährt, die nur dort vorkommen. Die Tiere der Galapagosinseln zeigen keine Scheu, und trotz ihres teilweise furchterregenden Aussehens greifen sie Menschen nicht an. Darwin war von diesem Ort fasziniert.

51

Kennst du das Geheimnis der Osterinsel?

Antwort Die Osterinsel liegt im südlichen Pazifik. Sie ist vor allem für die steinernen Riesenstatuen bekannt, die dort zu Hunderten stehen. Warum es so viele sind und welche Bedeutung sie haben, weiß niemand ganz genau.

▼ **Die Statuen auf der Osterinsel.** Merkwürdig ist, daß die Figuren nicht aufs Meer hinaus, sondern landeinwärts blicken. Meist sind nur der Kopf, der Rumpf und die Arme dargestellt.

Wie die Statuen angefertigt und aufgestellt wurden

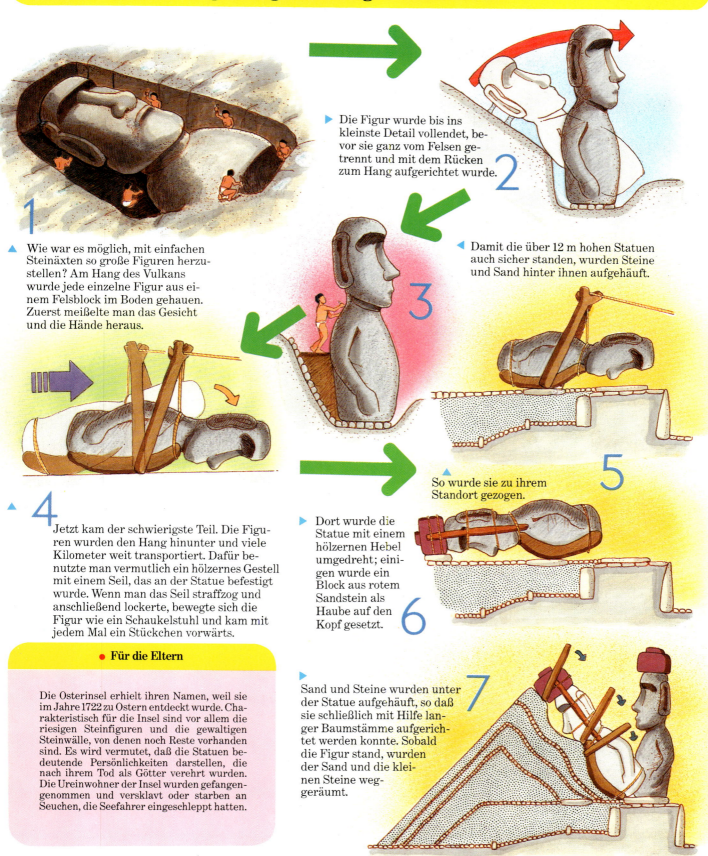

1 Wie war es möglich, mit einfachen Steinäxten so große Figuren herzustellen? Am Hang des Vulkans wurde jede einzelne Figur aus einem Felsblock im Boden gehauen. Zuerst meißelte man das Gesicht und die Hände heraus.

2 Die Figur wurde bis ins kleinste Detail vollendet, bevor sie ganz vom Felsen getrennt und mit dem Rücken zum Hang aufgerichtet wurde.

3 Damit die über 12 m hohen Statuen auch sicher standen, wurden Steine und Sand hinter ihnen aufgehäuft.

4 Jetzt kam der schwierigste Teil. Die Figuren wurden den Hang hinunter und viele Kilometer weit transportiert. Dafür benutzte man vermutlich ein hölzernes Gestell mit einem Seil, das an der Statue befestigt wurde. Wenn man das Seil straffzog und anschließend lockerte, bewegte sich die Figur wie ein Schaukelstuhl und kam mit jedem Mal ein Stückchen vorwärts.

5 So wurde sie zu ihrem Standort gezogen.

6 Dort wurde die Statue mit einem hölzernen Hebel umgedreht; einigen wurde ein Block aus rotem Sandstein als Haube auf den Kopf gesetzt.

7 Sand und Steine wurden unter der Statue aufgehäuft, so daß sie schließlich mit Hilfe langer Baumstämme aufgerichtet werden konnte. Sobald die Figur stand, wurden der Sand und die kleinen Steine weggeräumt.

● Für die Eltern

Die Osterinsel erhielt ihren Namen, weil sie im Jahre 1722 zu Ostern entdeckt wurde. Charakteristisch für die Insel sind vor allem die riesigen Steinfiguren und die gewaltigen Steinwälle, von denen noch Reste vorhanden sind. Es wird vermutet, daß die Statuen bedeutende Persönlichkeiten darstellen, die nach ihrem Tod als Götter verehrt wurden. Die Ureinwohner der Insel wurden gefangengenommen und versklavt oder starben an Seuchen, die Seefahrer eingeschleppt hatten.

Wozu wurden die Pyramiden gebaut?

 Pyramiden wurden vor langer Zeit im alten Ägypten gebaut. Dort herrschten damals die Pharaonen. Viele Pharaonen ließen sich schon zu Lebzeiten eine riesige Pyramide als Grabmal bauen. Die Ägypter glaubten an eine Wiedergeburt nach dem Tod. Deshalb wurden die Toten einbalsamiert und die Pyramiden mit allem Notwendigen für das nächste Leben ausgestattet.

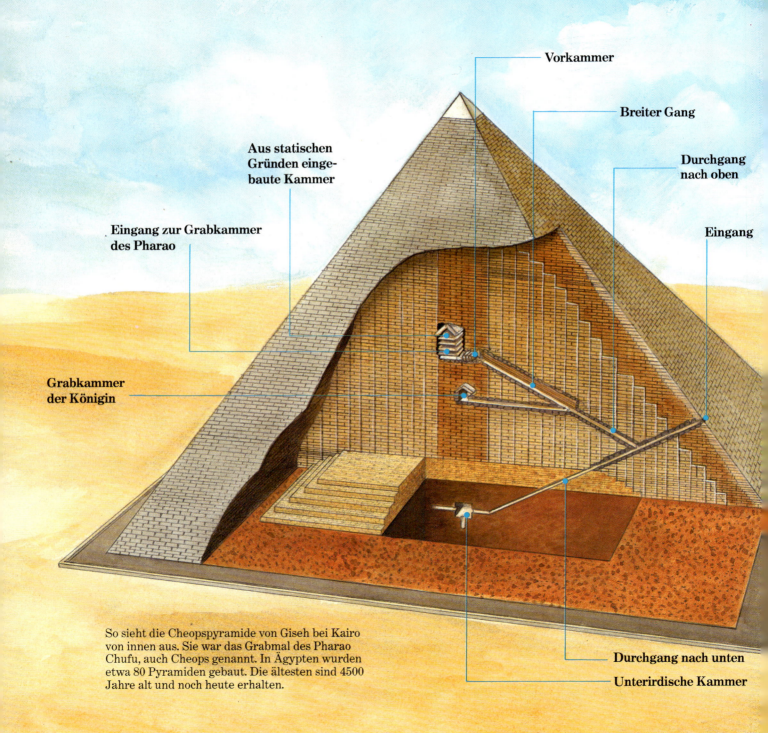

So sieht die Cheopspyramide von Giseh bei Kairo von innen aus. Sie war das Grabmal des Pharao Chufu, auch Cheops genannt. In Ägypten wurden etwa 80 Pyramiden gebaut. Die ältesten sind 4500 Jahre alt und noch heute erhalten.

Das Tal der Könige

■ In einem Felstal südlich von Kairo, im sogenannten Tal der Könige, wurden über 70 ursprünglich versteckt angelegte Pharaonengräber entdeckt.

▲ Eine Sphinx, die den Körper eines Löwen und den Kopf eines Menschen hat, bewacht die Pyramiden.

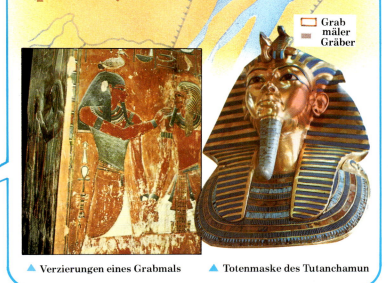

▲ Verzierungen eines Grabmals   ▲ Totenmaske des Tutanchamun

Berühmte Grabmäler

Früher haben sich mächtige Herrscher in vielen Teilen der Welt großartige Grabmäler erbauen lassen. Diese Bauwerke sollten die Nachwelt an ihre Bedeutung erinnern.

Cheopspyramide — Etwa 147 m hoch, Etwa 230 m

Japanisches Kaisergrab — Etwa 35 m hoch, Etwa 300 m, Etwa 486 m

Chinesisches Kaisergrab — Etwa 50 m hoch, Etwa 684 m, Etwa 578 m

• **Für die Eltern**

Für die Cheopspyramide, deren Bau ein Vierteljahrhundert dauerte, wurden über 2 500 000 Steinblöcke ineinandergefügt. Jeder wog etwa zwei Tonnen. Im alten Ägypten glaubte man, daß die Toten im Jenseits weiterlebten. Deshalb wurden den Pharaonen prächtige Besitztümer mit ins Grab gelegt.

❓ Wie groß ist die Sahara?

Antwort Die Sahara bedeckt fast ein Viertel des afrikanischen Kontinents und ist die größte Wüste der Welt. Sie erstreckt sich von Westen nach Osten über 5600 Kilometer und von Norden nach Süden über 1700 Kilometer. Zwölf Staaten grenzen an die Sahara.

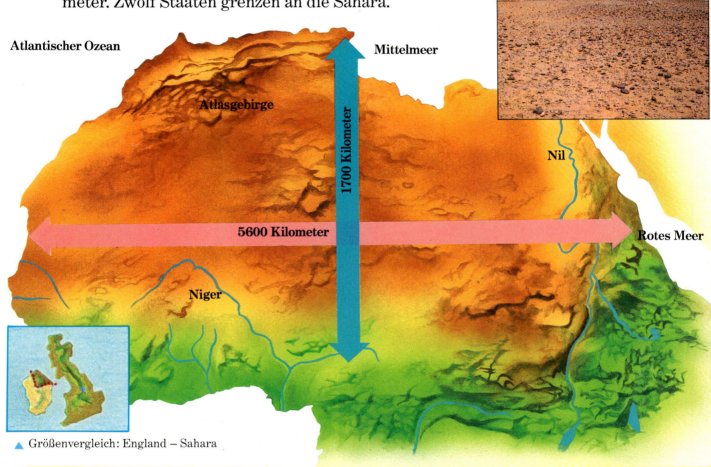

▲ Größenvergleich: England – Sahara

Tiere in der Sahara

Wie in allen Wüsten fällt in der Sahara fast kein Regen. Deshalb können dort nur sehr wenige Tier- und Pflanzenarten existieren, die die Fähigkeit entwickelt haben, in dieser heißen und trockenen Zone zu überleben. Gewöhnlich leben sie dort, wo wenigstens etwas Regen fällt. Um sich vor der Hitze zu schützen, schlafen viele Tiere tagsüber in Erdlöchern, erst bei Nacht, wenn es kühler ist, kommen sie heraus, um Futter zu suchen.

▲ **Hornviper.** Diese Schlange hat eine ungewöhnliche Art der Fortbewegung. Gekrümmt wie ein S, gleitet sie seitwärts über den sandigen Boden.

▲ **Wüstenfuchs.** Er gräbt sich tagsüber in den Wüstensand ein, um der Hitze zu entfliehen. Er kommt erst nach Sonnenuntergang wieder heraus.

Warum fällt in der Wüste kaum Regen?

Die meisten Wüsten liegen an den Wendekreisen. Von dort wehen Passatwinde zum Äquator. Im Bereich der höchsten Sonneneinstrahlung dehnt sich die Luft aus, steigt auf und kühlt ab. Es bilden sich Wolken, die im Äquatorgebiet abregnen. Die relativ trockene Luft wird danach im großen Bogen nach Norden bzw. Süden geführt. Sie sinkt im Bereich der Wendekreise wieder ab und erwärmt sich. Die vorhandenen Wolken lösen sich auf, und es fällt kein Niederschlag. Deshalb sind die Gebiete dort so trocken.

Trockene Luft sinkt über der Wüste ab

Wüste

▲ **Afrikanischer Skorpion.** In seinem Schwanzende befindet sich ein tödlicher Stachel. Bei Dunkelheit kommt er heraus, um Insekten zu fangen.

▲ **Wüstenspringmaus.** Sie hat einen känguruähnlichen Körperbau und lange, kräftige Hinterbeine. Sie kann im Wüstensand über 60 cm weit springen.

• Für die Eltern

„Sahara" ist das arabische Wort für Wüste. Die Sahara erstreckt sich vom Atlantik im Westen bis zum Roten Meer im Osten und ist flächenmäßig größer als das Mittelmeer. Die geringen Niederschläge lassen nur spärlichen Pflanzenwuchs zu. Einige Tiere, vor allem kleinere Nachttiere und Reptilien, leben in der Wüste. Die Früchte der Dattelpalme, die in den Oasen wächst, bilden die Lebensgrundlage der Menschen, die die Wüste bewohnen.

Warum wurde der Assuan-Staudamm gebaut?

Antwort Der größte Teil Ägyptens ist Wüste. Das fruchtbare Ackerland liegt hauptsächlich entlang dem Nil. Früher führte der Nil zeitweise sehr wenig Wasser; dann wieder brachten starke Regenfälle so viel Wasser, daß der Fluß über die Ufer trat. Um Überschwemmungen zu verhindern, wurde bei Assuan in Oberägypten ein Staudamm gebaut. In der Regenzeit staut er das Wasser, das in der Trockenzeit zur Bewässerung des Ackerlandes verwendet wird.

■ Seit alters her bangten die Ägypter um ihr tägliches Brot. Mit dem Bau des Assuan-Staudamms wurde ihren Problemen ein Ende bereitet. Die Bauern können ihr Land nun das ganze Jahr über bestellen.

■ Es droht keine Überschwemmung mehr.

„Mit dem Staudamm brauche ich mir keine Sorgen mehr zu machen, wenn es regnet."

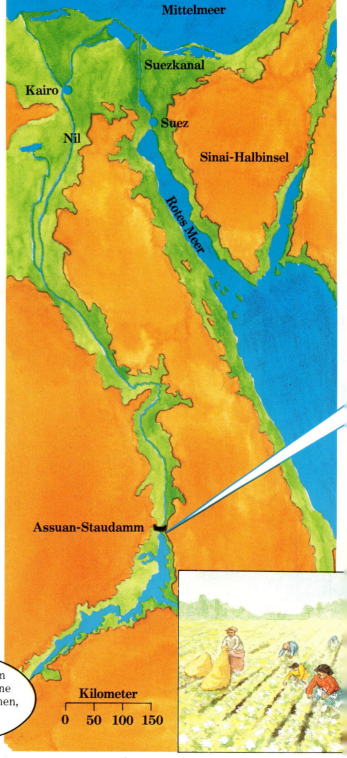

■ Der Staudamm liefert auch elektrischen Strom

▲ Jetzt haben die Ägypter elektrisches Licht und Fernsehen.

▲ Ein Wasserkraftwerk versorgt auch Fabriken mit Strom.

Assuan-Staudamm
Höhe: 110 Meter
Breite: 1300 Meter
Länge: 3500 Meter
Fassungsvermögen: 164 000 Millionen Kubikmeter Wasser

■ Der Wasserstand des Nils bleibt gleich

Der Wasserstand des Nils schwankte, je nach Jahreszeit, immer stark. Manchmal betrug der Unterschied zwischen der Regen- und der Trockenzeit über 6 m. Seit der Staudamm die Flut reguliert, bleibt der Wasserstand gleich.

● Für die Eltern

Das Niltal birgt viele Schätze des alten Ägypten. Durch den Bau des Assuan-Staudamms war ein Teil davon bedroht, da gleichzeitig ein 600 km langer künstlicher See entstand. Zwei Tempel von Abu Simbel, die aus dem 13. Jh. v. Chr., der Regierungszeit Ramses' II., stammen, wären überflutet worden. Sie wurden auf höheres Gelände verlegt. Da jetzt im Niltal der fruchtbare Schlamm fehlt, der früher die Felder düngte, zeigen sich mehr und mehr negative Folgen, die man nicht einkalkuliert hat, wie Bodenabtragung, Versalzung, Eindringen von Meerwasser in das Nildelta und die Zunahme von Krankheitserregern.

Welche Bedeutung hatte die Seidenstraße?

Antwort Die Seidenstraße war eine alte Karawanenstraße, die China mit Europa verband. Chinesische Händler benutzten sie, um Seide, ihre wichtigste Handelsware, zu den europäischen Märkten zu schaffen und dort zu verkaufen. Die Seidenstraße war insgesamt etwa 6400 Kilometer lang. Ein Großteil der Strecke führte durch Wüsten. Durch den gegenseitigen Handel rückten die Menschen in Europa und Asien einander auch kulturell näher.

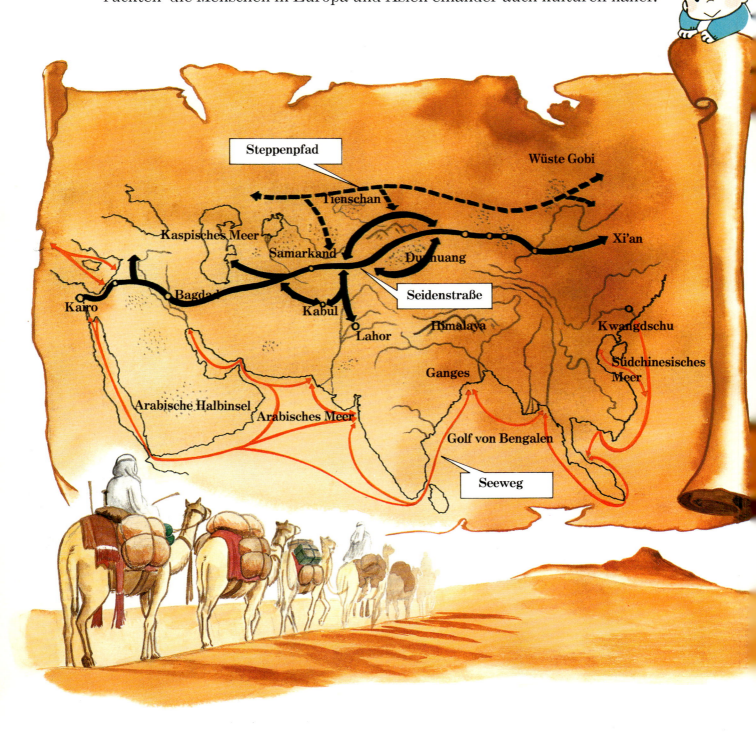

Was wurde noch auf der Seidenstraße transportiert?

Nicht nur Seide, auch viele andere Waren, wie z. B. Obst und Gemüse, wurden auf der Seidenstraße befördert. Die Straße trug auch dazu bei, daß Menschen in verschiedenen Teilen der Welt Ideen austauschen konnten. Die Papierherstellung und die Seidenraupenzucht kamen auf diesem Weg nach Europa.

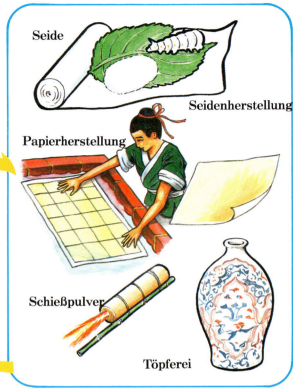

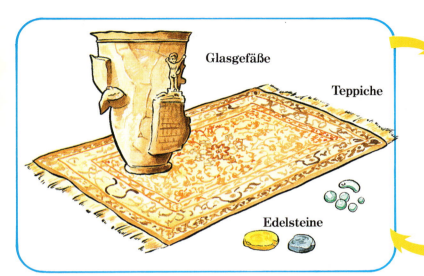

Was für Orte lagen an der Seidenstraße?

Auf weiten Strecken folgte die Seidenstraße den Wüstenpfaden. Dort gab es viele Oasen, wo die Karawanen haltmachen und Mensch und Tier sich ausruhen konnten. Am Rande der Takla-Makan-Wüste in China lag die Stadt Dunhuang, einer der wichtigsten Rast-Orte entlang der Seidenstraße. Menschen aus vielen Teilen der Welt kamen durch die Stadt, deren Ideen und Kulturen sich hier miteinander vermischten. In Dunhuang kann man heute noch viele Kunstwerke und reich verzierte Felsbauten sehen.

• Für die Eltern

Teile der Seidenstraße entstanden schon 2000 v. Chr. Historische Ereignisse beeinflußten ihren Verlauf. So war im 6. Jahrhundert n. Chr. Mesopotamien Schauplatz heftiger Kämpfe zwischen den Byzantinern und den persischen Sassaniden. Um dem Kampfgebiet auszuweichen, folgten die Karawanen weiter nördlich gelegenen Pfaden. Die ältere Seidenstraße wurde nicht mehr benutzt, und die Oasen entlang dieser Strecke verloren an Bedeutung.

▲ Diese Gebäude wurden in den Hügel hineingebaut. Die Malereien, die die Innenwände zieren, sind sehr alt.

61

❓ Wie ist der Himalaya entstanden?

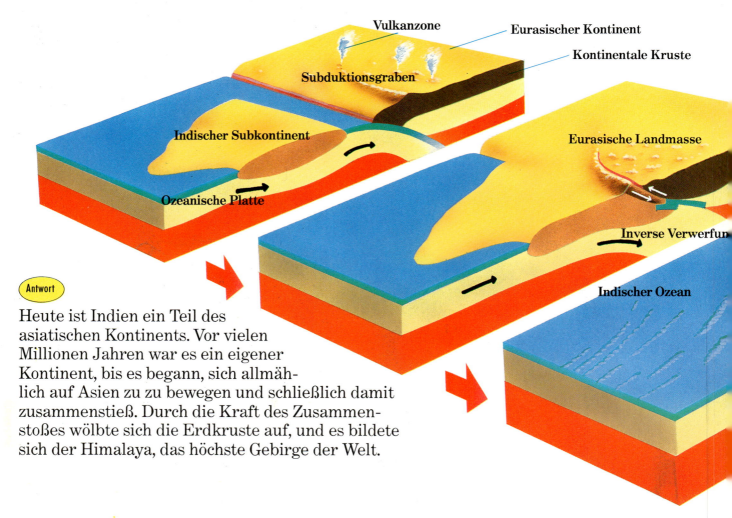

Antwort

Heute ist Indien ein Teil des asiatischen Kontinents. Vor vielen Millionen Jahren war es ein eigener Kontinent, bis es begann, sich allmählich auf Asien zu zu bewegen und schließlich damit zusammenstieß. Durch die Kraft des Zusammenstoßes wölbte sich die Erdkruste auf, und es bildete sich der Himalaya, das höchste Gebirge der Welt.

Das Dach der Welt

Der Himalaya ist das höchste Gebirge der Erde; zehn seiner Berggipfel sind höher als 8000 Meter. Der Neuseeländer Edmund Hillary hat mit dem Scherpa Tenzing Norgay im Jahre 1953 als erster den Mount Everest bezwungen.

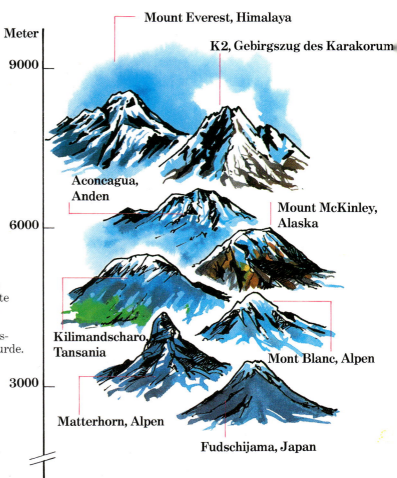

■ Meeresfossilien

Nahe am Gipfel des Mount Everest, des höchsten Berges der Erde, hat man versteinerte Schaltiere gefunden. Das beweist, daß dieses mächtige Gebirge einst aus dem Meeresboden nach oben gedrückt wurde.

▼ Über 200 Gipfel sind 7000 Meter hoch.

● Für die Eltern

Der Himalaya wurde aufgefaltet, als Indien vor Jahrmillionen mit dem eurasischen Kontinent kollidierte. Wo die beiden Landmassen zusammenstießen, faltete sich die Erdkruste auf – so entstand das höchste Gebirge der Erde. Daß diese Gipfel einmal Teil des Meeresbodens waren, macht uns deutlich, wie gewaltig die Veränderungen sind, die auf unserer Erde vor sich gehen.

Warum wurde der Tadsch Mahal erbaut?

Antwort Der Tadsch Mahal wurde vor über 300 Jahren in Indien gebaut. Damals herrschte dort der Mogulkaiser Schah Dschahan. Seine Frau hieß Mumtaz-i-Mahal. Als sie 1631 starb, bat sie ihren Mann, daß er eine Gedenkstätte für sie errichtete, damit ihr Name in lebendiger Erinnerung bliebe. Schah Dschahan erfüllte ihr den letzten Wunsch und ließ den Tadsch Mahal bauen. Heute gehört dieses Grabmal zu den schönsten und berühmtesten Bauwerken der Erde.

▼ Der Tadsch Mahal in Agra in Indien

■ Das Grabmal

Der Tadsch Mahal wurde so entworfen, daß er aus jedem Blickwinkel gleich aussieht. Die mächtige zwiebelförmige Kuppel wirkt von innen noch viel beeindruckender. Sie ist hohl und überragt das übrige Bauwerk um 30 Meter.

▼ Vorderansicht Sarg von Mumtaz-i-Mahal ▼ Grundriß
Hohlraum Sarg von Schah Dschahan

4 Bei der Geburt des 14. Kindes wird Mumtaz krank und stirbt im Alter von 36 Jahren.

1 Der junge Schah Dschahan trifft Mumtaz im Basar und verliebt sich in sie.

5 Der Tod seiner Frau soll Schah Dschahan so nahegegangen sein, daß er über Nacht ergraute.

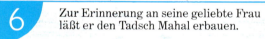

2 Sie heiraten fünf Jahre später. Er ist 20 Jahre alt, sie gerade 17.

6 Zur Erinnerung an seine geliebte Frau läßt er den Tadsch Mahal erbauen.

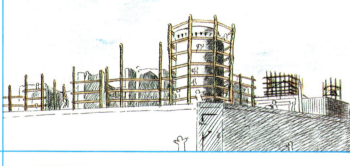

3 Mumtaz und Schah Dschahan bekommen viele Kinder.

● **Für die Eltern**

Schah Dschahan war der fünfte Herrscher der Mogul-Dynastie. Der Tadsch Mahal, dessen Name von Mumtaz-i-Mahal abgeleitet und deren Andenken gewidmet ist, war auch als geistiger Mittelpunkt des islamischen Glaubens gedacht. Rund 20 000 Handwerker, die zum Teil sogar aus Persien und Vorderasien kamen, arbeiteten an dem Bau, der nach 22 Jahren fertiggestellt wurde. Heute gilt das prachtvolle Bauwerk aus weißem Marmor als eindrucksvolles Beispiel mogulischer Baukunst. Viele halten es für das schönste Momument der Welt, das der Liebe und Vollkommenheit gewidmet ist.

? Wie lang ist die Chinesische Mauer?

Antwort Die Chinesische Mauer oder Große Mauer zieht sich über 2400 Kilometer Luftlinie in westöstlicher Richtung durch ganz China. Die Mauer selbst erreicht fast die doppelte Länge, da sie Berge und Täler überwinden und Hindernisse umgehen muß. Sie soll das einzige Bauwerk auf der Erde sein, das man vom Mond aus sehen kann.

▶ Die Chinesische Mauer windet sich durch das Land.

Wie lange würde man von einem Ende zum anderen wandern?

Alle Besucher Chinas möchten einmal ein Stück auf der Großen Mauer gehen. Aber stell dir vor, man wollte die ganze Mauer entlanglaufen. Wie lange würde das dauern? Wenn du täglich 40 Kilometer zurücklegtest – wie lange würdest du brauchen?

Die Mauer erstreckt sich über 2400 km Luftlinie. Wenn man bedenkt, daß die Mauer in Wirklichkeit doppelt so lang ist, macht das 4800 Kilometer. Für diese Strecke bräuchtest du vier Monate.

Wie wurde die Mauer gebaut?

Die Große Mauer wurde in vielen Jahren von Tausenden von Arbeitern gebaut.

1. Man errichtete zwei riesige Gerüste aus Holzstämmen und füllte den Raum zwischen den Stämmen aus.

2. Für die ursprüngliche Mauer wurden Platten aus getrocknetem Erdreich, Ästen und Schilfrohr verwendet.

3. Bei mehreren späteren Erneuerungen wurden die Außenmauern mit Ziegeln verstärkt. Sie halten bis heute.

● Für die Eltern

Im Jahre 221 v. Chr. gelang Kaiser Schi Huang-ti aus der Ts'in-Dynastie zum ersten Mal die Einigung Chinas. Er erteilte den Befehl zum Bau der Großen Mauer, um Nomadeneinfälle abzuwehren. Die Mauer wurde von den nachfolgenden Kaisern einigermaßen instand gehalten, aber erst in der zweiten Hälfte des 16. Jahrhunderts erhielt sie ihre heutige Form.

Warum wurde die Mauer gebaut?

Die Große Mauer wurde zum Schutz vor Nomadenstämmen gebaut, die immer wieder in China einfielen. Im 5. Jahrhundert v. Chr. bereits hatte man mit dem Bau der Mauer begonnen, sie danach aber verfallen lassen. Im Jahre 221 v. Chr. ließ Kaiser Schi Huang-ti die Mauer wieder aufbauen und erweitern. Sie ist zwischen 6 und 9 Meter hoch. In regelmäßigen Abständen stehen Wachtürme, von denen aus sich das Land gut überblicken läßt.

Warum haben die Hügel von Guilin so eine bizarre Form?

 Diese bezaubernde Landschaft liegt nahe der chinesischen Stadt Guilin. Die Hügel sind berühmt, weil sie so bizarr aus der flachen Ebene herausragen. Die Erhebungen sind bis zu 300 Meter hoch. Die ungewöhnliche Form der Hügel ist durch Regenwasser entstanden, das den Kalksteinboden im Laufe vieler Jahrtausende ausgewaschen hat. Temperaturen von fast 40° C im Sommer haben diesen Vorgang noch beschleunigt.

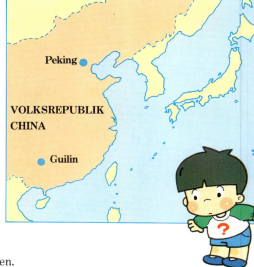

▼ Die Landschaft von Guilin ist häufig auf chinesischen Gemälden und Fotos zu sehen.

Wodurch erhielten die Hügel ihre ungewöhnliche Form?

Diese Region war einmal eine leicht hügelige Ebene aus Kalkstein. Das im Grund- und Regenwasser enthaltene Kohlendioxyd löste den Kalkstein auf, und es bildeten sich Risse und Spalten. Darin siedelten sich Pflanzen an, die den Stein weiter zerstörten. Das Regenwasser drang in die Gesteinsspalten ein und schuf große Höhlen. Diesen Vorgang, bei dem Gestein abgetragen wird, nennt man Erosion.

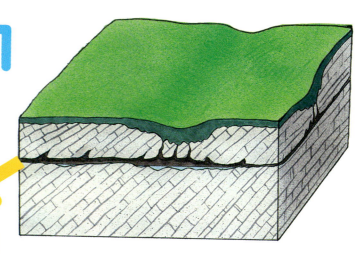

Die Erosion dauerte an. Die Spalte im Kalkstein wurden breiter und tiefer. Allmählich sank der Wasserspiegel, und die Höhlen trockneten aus.

Der Abtragungsprozeß dauerte viele tausend Jahre. Die Hügel wurden immer steiler, bis sie schließlich ihre heutige Form hatten. Einige sind etwa 300 Meter hoch und bewachsen. In ihrem Innern bildeten sich viele Tropfsteinhöhlen.

■ Tropfsteinhöhlen

Tropfsteinhöhlen entstehen in Kalksteingebieten. Stalaktiten und Stalagmiten bilden sich, wenn Wasser von oben durch das Kalkgestein sickert und dabei Kalk auflöst. Wenn das Wasser von der Decke tropft, lagert sich dort etwas Kalk ab, und mit der Zeit wächst von der Decke ein Kalkzapfen, den man Stalaktit nennt.

▲ Tropfsteinhöhle in Guilin

● Für die Eltern

Die Hügel von Guilin sind ein beliebtes Motiv in der südchinesischen Malerei. Sie werden meist als nebelverhangene Berge dargestellt, die hinter einem See oder Fluß aufragen; davor schwimmt häufig ein Sampan – ein flaches chinesisches Hausboot. Die Wirkung dieser Gemälde ist bezaubernd, und nicht wenige halten die Darstellung für eine phantasievolle Erfindung des Künstlers. Doch diese Landschaft gibt es wirklich. Solche ungewöhnlichen Formen entstehen im Kalkgestein durch das extrem feuchtheiße Klima. Turmartige Kalksteingebilde wie in Guilin findet man nur in tropischen und subtropischen Zonen.

Wie heißt der längste Tunnel, der unter dem Meer hindurchführt?

Antwort Der Seikan-Tunnel, der die japanischen Inseln Honschu und Hokkaido verbindet, ist 53 Kilometer lang und damit der längste Eisenbahntunnel der Welt, der unter dem Meer hindurchführt. Er hat sogar eine Haltestelle und einen Bahnsteig, so daß die Fahrgäste aussteigen und sich den Tunnel ansehen können.

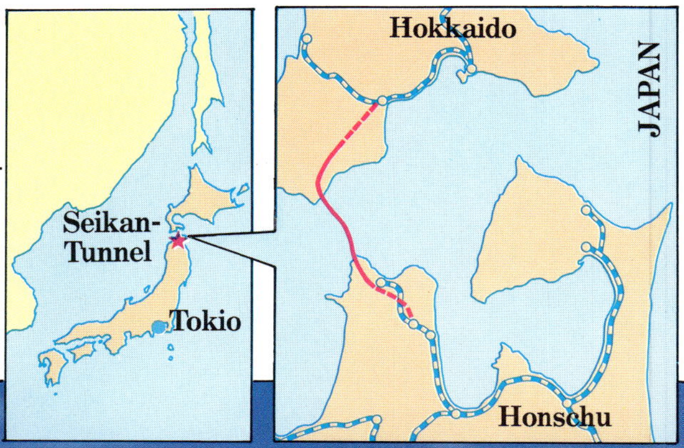

Seikan-Tunnel

Tokio

Hokkaido

JAPAN

Honschu

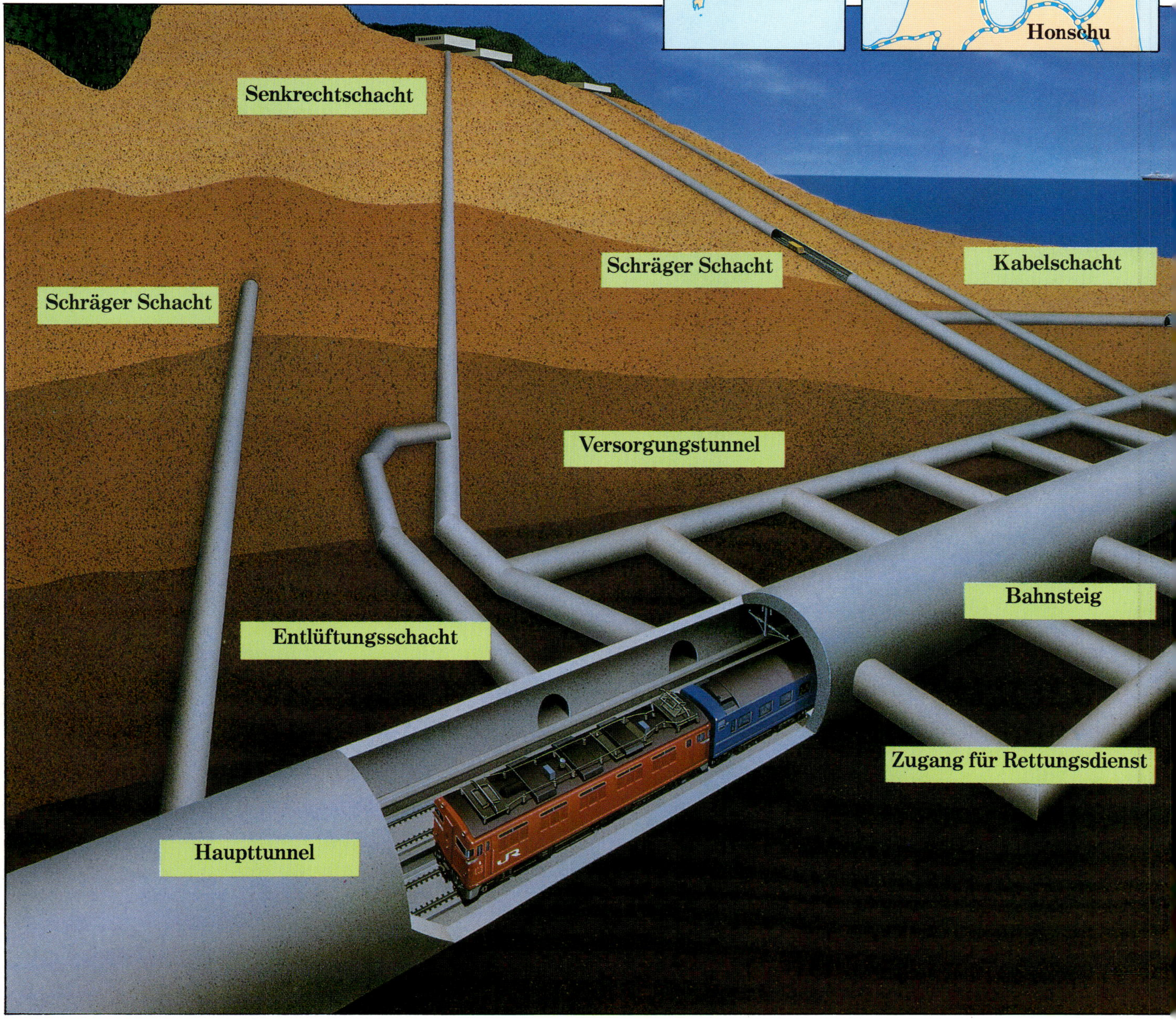

Senkrechtschacht

Schräger Schacht

Schräger Schacht

Kabelschacht

Versorgungstunnel

Bahnsteig

Entlüftungsschacht

Zugang für Rettungsdienst

Haupttunnel

■ Der Tunnel im Querschnitt

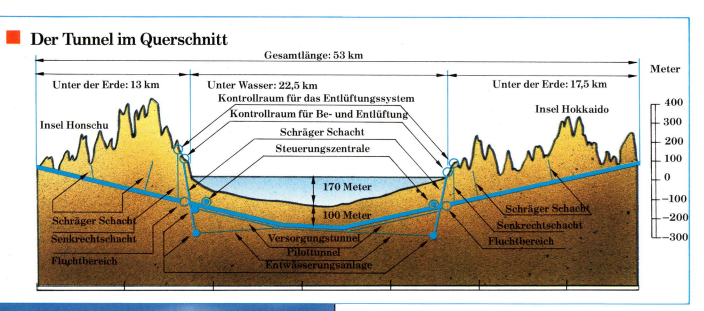

■ Einige Größenangaben zum Tunnel

Der Seikan-Tunnel ist sehr groß. Er ist etwa 8 Meter hoch und 10 Meter breit. Das nahtlose Eisenbahngleis ist 53 Kilometer lang. Der Tunnel ist mit modernsten Sicherheitseinrichtungen ausgestattet.

▼ Ausrüstung

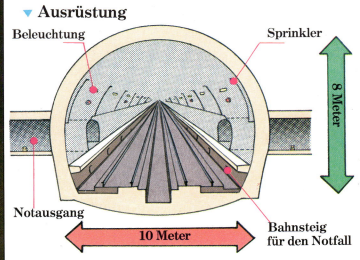

▲ Der Tunnel hat auch einen Bahnsteig.

● Für die Eltern

Nach Abschluß der geologischen Untersuchungen im Jahre 1946 dauerte der Bau des Seikan-Tunnels noch 42 Jahre. Mit allen Versorgungsschächten und Notausgängen zählt er 18 Tunnel; ihre Gesamtlänge beträgt knapp 72 km. Durch den Tunnel führt der längste nahtlose Schienenstrang der Welt. Ebenso einmalig ist der Bahnsteig unter dem Meer. Der Tunnel ist mit modernsten Sicherheits- und Rettungsgeräten, darunter auch Lasermeßanlagen, ausgestattet.

Wo steht der Ayers Rock?

 Der Ayers Rock ist ein einzelner riesiger Felsblock, der aus einer Wüste mitten in Australien herausragt. Dieser eigenartig geformte rote Sandsteinfelsen ist auf natürliche Weise entstanden. Er ist der berühmteste Monolith der Welt.

▼ Ayers Rock

■ Wie groß ist der Felsen?

Der Ayers Rock ist 350 Meter hoch und hat einen Basisumfang von 10 Kilometern. Der Ayers Rock ist höher als der Pariser Eiffelturm und um ein Vielfaches größer als die Cheopspyramide in Ägypten. Er ist eine bekannte Touristenattraktion.

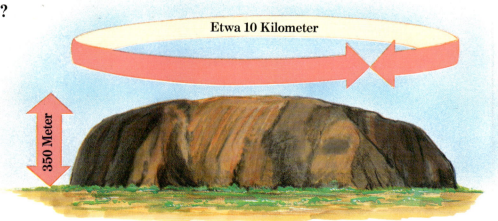

Etwa 10 Kilometer

350 Meter

Wie ist der Ayers Rock entstanden?

Im Innern Australiens gibt es kaum Niederschläge, und es herrschen ungewöhnliche Luftströmungen. Über 600 Jahre lang haben die trockenen Winde, die in diesem Gebiet wehen, die Felsen abgeschliffen und in Wüstensand verwandelt. Nur an der Stelle, an der der Ayers Rock steht, so vermuten Wissenschaftler, sei das Gestein so hart gewesen, daß es sich den Winden widersetzte. Auf diese Weise sei der merkwürdige Felsen im Zentrum des australischen Kontinents geformt worden.

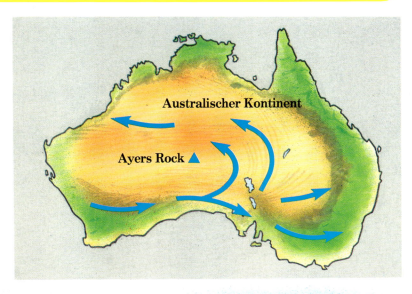

Luftströmungen. Die ▶ Winde scheinen um den Ayers Rock zu kreisen.

Bevor die Abtragung begann, war hier noch eine Ebene.

Winderosion setzte ein, ließ aber einen Teil des Gebietes unberührt.

Mit der fortschreitenden Abtragung entstand nach und nach Ayers Rock.

 ## Hat Australien noch andere seltsame Formationen?

Wind und Wetter haben den Wave Rock in Westaustralien geformt, der wie eine erstarrte Brandungswelle aussieht. Die Devils' Marbles (Teufelsmurmeln) liegen in der Nähe von Alice Springs im Zentrum des Kontinents.

Devil's Marbles

Wave Rock ▶

• Für die Eltern

In den vergangenen Jahrmillionen haben nur wenige äußere Einflüsse den Kontinent Australien erreicht. Dadurch wurden viele einzigartige Naturwunder bewahrt. Seit sich die ersten Felsen vor fast 4 Milliarden Jahren herausbildeten, gab es keine tiefgreifenden Veränderungen in der Landschaft dieses abseits gelegenen fünften Kontinents. Daher nennt man Australien auch das „Land, in dem die Zeit stillsteht". Die Verwitterung durch Sonneneinstrahlung und Wind hat die Landschaft gestaltet und dabei ungewöhnliche Meisterwerke der Natur geschaffen.

? Warum ist das Große Barrier-Riff so berühmt?

Antwort Das Große Barrier-Riff ist das größte Korallenriff der Erde. Es erstreckt sich vor der Nordostküste Australiens über eine Länge von etwa 2000 Kilometern. Es besteht aus den Skeletten vieler Milliarden winzig kleiner Korallen. Diese Organismen leben auf Felsen oder am Meeresgrund und bilden riesige Kolonien, die Hunderte von Jahren alt sind.

▲ Das Riff versperrt den Zugang zur Küste.

Wie entstand das Korallenriff?

Riffkorallen brauchen 20° bis 30° C warmes Wasser und genügend Licht. Aus diesem Grunde leben sie dicht unter der Oberfläche.

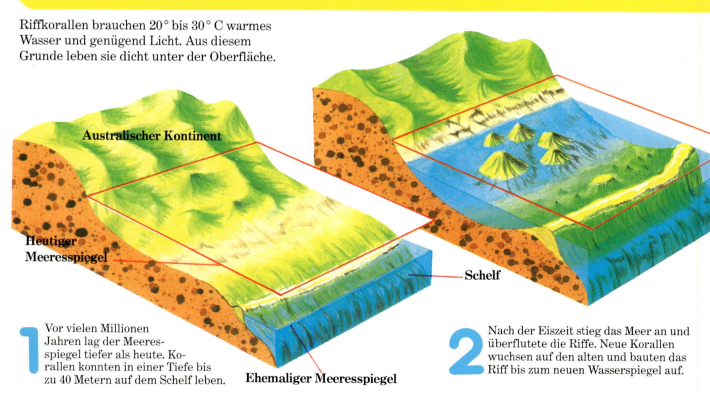

1 Vor vielen Millionen Jahren lag der Meeresspiegel tiefer als heute. Korallen konnten in einer Tiefe bis zu 40 Metern auf dem Schelf leben.

2 Nach der Eiszeit stieg das Meer an und überflutete die Riffe. Neue Korallen wuchsen auf den alten und bauten das Riff bis zum neuen Wasserspiegel auf.

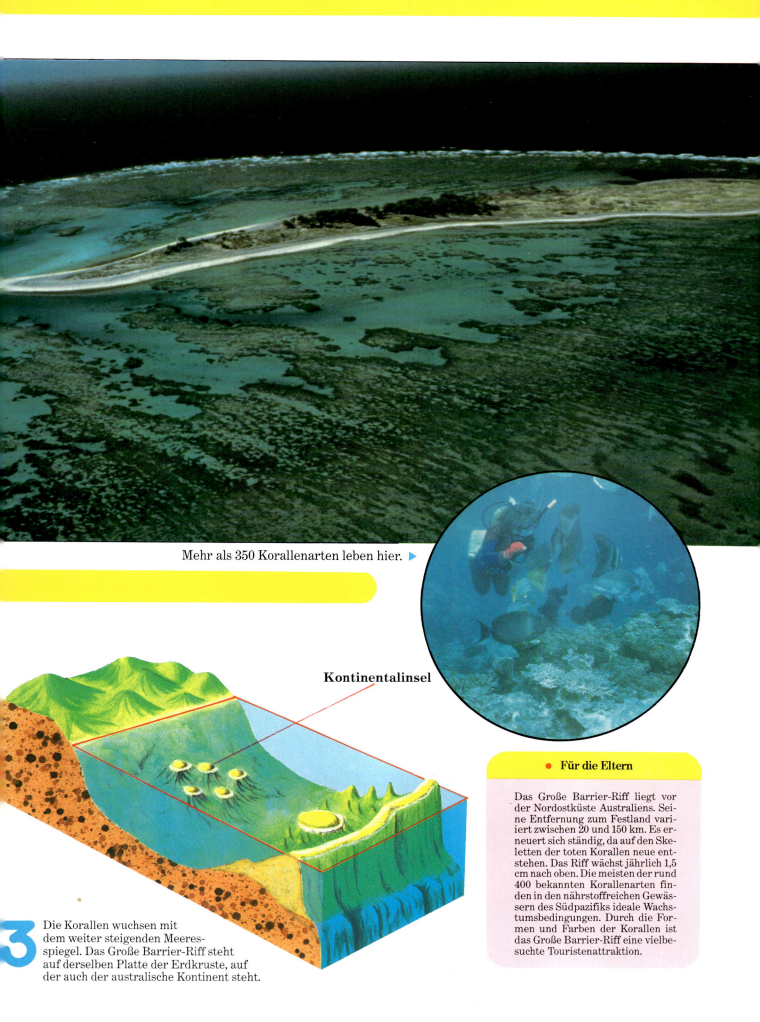

Mehr als 350 Korallenarten leben hier. ▶

Kontinentalinsel

3 Die Korallen wuchsen mit dem weiter steigenden Meeresspiegel. Das Große Barrier-Riff steht auf derselben Platte der Erdkruste, auf der auch der australische Kontinent steht.

• Für die Eltern

Das Große Barrier-Riff liegt vor der Nordostküste Australiens. Seine Entfernung zum Festland variiert zwischen 20 und 150 km. Es erneuert sich ständig, da auf den Skeletten der toten Korallen neue entstehen. Das Riff wächst jährlich 1,5 cm nach oben. Die meisten der rund 400 bekannten Korallenarten finden in den nährstoffreichen Gewässern des Südpazifiks ideale Wachstumsbedingungen. Durch die Formen und Farben der Korallen ist das Große Barrier-Riff eine vielbesuchte Touristenattraktion.

❓ Was ist die Antarktis?

Antwort Die Antarktis, das Gebiet um den Südpol, ist nur etwas kleiner als Südamerika. Dieser Kontinent ist das kälteste Gebiet der Erde, denn selbst im Sommer herrschen Temperaturen von durchschnittlich −29° C. Viele Staaten haben Forschungsstationen errichtet, aber formell gehört die Antarktis zu keinem Staat.

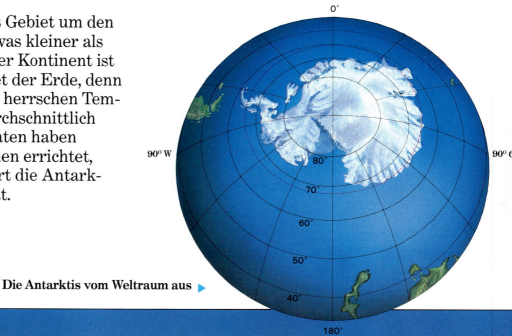

Die Antarktis vom Weltraum aus ▶

▲ Pinguine sind die bekanntesten Bewohner der Antarktis. Die meisten Pinguinarten leben nur hier.

■ Wie dick ist das Eis am Südpol?

Fast das ganze Südpolargebiet ist von einer mächtigen Eisschicht bedeckt, die durchschnittlich fast 2 Kilometer dick ist.

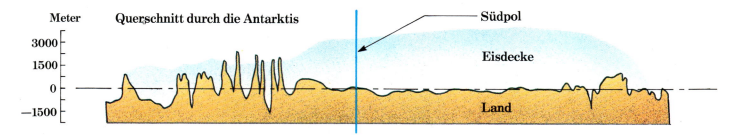

■ Tage ohne Nächte

Im Dezember und Januar geht die Sonne in der Antarktis nicht unter. Diese Mehrfachbelichtung zeigt, wie die Sonne am Horizont entlangwandert, ohne dahinter zu verschwinden.

■ Das Polarlicht

Das Polarlicht ist eine Lichterscheinung. Sie entsteht durch Gase in den erdmagnetischen Feldern beider Pole. Über der Arktis nennt man es Nordlicht und über der Antarktis Südlicht.

■ Tiere der Antarktis

Pinguine, Robben und Möwen gehören zu der Tierwelt des Kontinents.

◀ Robben   ▲ Pinguine

• Für die Eltern

Im Gegensatz zur Arktis, die nur aus Wasser und Packeis besteht, ist die Antarktis ein riesiger, eisbedeckter Kontinent, dessen Existenz 1820 nachgewiesen werden konnte. Danach begann unter den Forschern vieler Nationen ein Wettlauf zum Südpol. Eine Gruppe aus Norwegen unter Leitung von Roald Amundsen erreichte den Südpol am 14. Dezember 1911 als erste.

🛈 Kennst du diese Ansichten?

■ Kölner Dom

Das Bild zeigt den Kölner Dom, die größte gotische Kirche Deutschlands. Der Bau wurde 1248 in Angriff genommen, aber erst nach mehr als 600 Jahren fertiggestellt. Die beiden Türme sind 157 Meter hoch. Im Längsbau hätten eineinhalb Fußballfelder Platz. Der Dom wurde im Zweiten Weltkrieg stark beschädigt und später restauriert. Er ist das Wahrzeichen von Köln.

■ Westminster-Abtei

Die Londoner Westminster-Abtei gehört zu den bekanntesten gotischen Bauwerken Großbritanniens. Die erste Kirche an dieser Stelle wurde vor über 1000 Jahren gebaut, die heutige Kathedrale gibt es seit sieben Jahrhunderten. In den vergangenen 800 Jahren wurden fast alle Könige und Königinnen Englands hier gekrönt und begraben. Auch viele andere bedeutende Persönlichkeiten wurden in der Westminster-Abtei beigesetzt.

■ Schloß Fontainebleau

Das Schloß liegt am Rande des Waldes von Fontainebleau, etwa 60 Kilometer von Paris entfernt. Es war früher einmal ein kleines königliches Jagdschloß. Im 16. Jahrhundert ließen es die französischen Könige zu einem riesigen Schloß umbauen. In Fontainebleau schlossen England und Frankreich 1762 Frieden; hier dankte Kaiser Napoleon im Jahre 1814 ab. Heute ist Fontainebleau ein Museum.

■ Schloß Schönbrunn

Das prunkvolle Schloß Schönbrunn steht in Wien, der Hauptstadt Österreichs. Es sieht aus wie ein Bilderbuchschloß. Es wurde im Barockstil erbaut, hat 1441 Räume und ist von wunderschönen Parks umgeben. Früher war das Schloß eine der Residenzen der habsburgischen Kaiserfamilie.

■ Das Matterhorn

Der 4478 m hohe Berg liegt in den Alpen auf der Grenze zwischen der Schweiz und Italien. Er gehört zwar nicht zu den höchsten Bergen der Welt, aber sein steiler Gipfel stellt für jeden Bergsteiger eine Herausforderung dar.

■ Das Weiße Haus

Das Weiße Haus in Washington, D. C., ist der Amtssitz des amerikanischen Präsidenten. Es heißt so, weil es nach Brandbeschädigungen durch englische Truppen im Jahre 1814 weiß verputzt worden ist. Das Haus hat über 130 Räume und Büros. Der Präsident wohnt mit seiner Familie im ersten Stock.

• Für die Eltern

Überall auf der Welt gibt es eindrucksvolle Bauten, schöne Landschaften und bedeutende historische Plätze, die alle ihre eigene Geschichte haben. Kinder lernen bereitwilliger und mit mehr Freude, wenn man ihnen die historischen Fakten möglichst plastisch darstellt. So kann man ihr Interesse an fremden Ländern, Völkern und Kulturen fördern.

❓ Und diese?

■ Die Tempel von Abu Simbel

Diese Tempel sind vor mehr als 3000 Jahren von den alten Ägyptern in den Felsen am Nilufer gehauen worden. Um sie vor dem Stauwasser des Assuan-Staudamms in Sicherheit zu bringen, zerlegte man die Tempel und setzte sie weiter oben wieder zusammen.

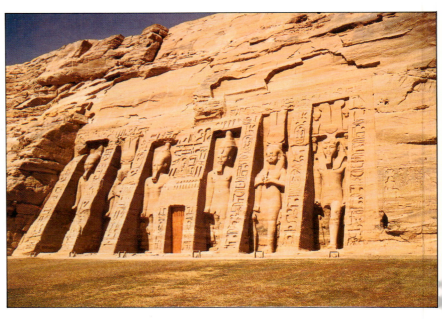

■ Das Opernhaus von Sydney

Das Opernhaus mit seinen vier Bühnen ist heute das berühmteste Bauwerk Australiens. Sein ungewöhnlicher Baustil macht es unverwechselbar. Der Bau dauerte 16 Jahre und kostete 102 Millionen Dollar. 1973 wurde die Oper von der englischen Königin Elisabeth II. eingeweiht.

■ Der Tempel des Smaragdgrünen Buddhas

Der prachtvolle Tempel steht in Bangkok. Die Thailänder nennen ihn Wat Phra Keo. Im Innern steht eine Statue des Buddha, den die Thai als Stifter ihrer Religion verehren. Die Gewänder des Buddha sind aus purem Gold gefertigt.

• Für die Eltern

Auf unserer Erde gibt es viele wundervolle Dinge. Viele fremde Länder besitzen Attraktionen und Sehenswürdigkeiten, die einzigartig sind und die wir im eigenen Land nicht finden. Da Kinder neugierig sind, haben sie Spaß daran, die Sitten und Gebräuche anderer Völker kennen- und verstehen zu lernen.

Mitwachsendes Album

Wo befinden sich diese Sehenswürdigkeiten? 82
Hast du das schon einmal gesehen? 84
Welcher Text gehört zu welchem Bild? 86

Wo befinden sich diese Sehenswürdigkeiten?

In welchen Ländern liegen die Sehenswürdigkeiten, die auf den folgenden Illustrationen dargestellt sind? Sieh auf der Weltkarte nach und versuche, sie ausfindig zu machen. Rate, wenn du es nicht weißt.

3 Stonehenge: Bis heute weiß niemand ganz genau, wer diese riesigen Steine hier aufgerichtet hat und welchem Zweck sie dienten.

1 Freiheitsstatue: Sie steht in einem bekannten Hafen und ist ein Symbol für die Freiheit der Bürger dieses Staates.

2 Mount Rushmore: Die Köpfe von vier herausragenden Präsidenten dieses Landes wurden von einem Bildhauer und seinem Sohn in den Felsen gemeißelt.

4 Der Schiefe Turm: Er neigte sich schon zur Seite, bald nachdem sein Bau begonnen wurde.

Hast du das schon einmal gesehen?

Schau dir die Bilder auf diesen beiden Seiten an. Mach ein Kreuz dahinter, wenn du schon in dem Land gewesen bist und die Sehenswürdigkeit dort mit eigenen Augen gesehen hast. Mach zwei Kreuze, wenn du in einem anderen Buch etwas darüber gelesen oder einen Fernsehbericht gesehen hast. Drei Kreuzchen kannst du machen, wenn du in diesem Buch zum erstenmal darüber gelesen hast.

Windmühlen in Holland: Sie wurden früher zum Wasserpumpen und zum Kornmahlen benutzt. Die Energie lieferte der Wind ganz für umsonst.

Grand Canyon: Diese Schlucht hat der Colorado tief in das Gestein geschnitten. Sie liegt in Arizona in den USA.

Die Pyramiden: Sie wurden vor langer Zeit in Ägypten erbaut und waren die Grabmäler der Pharaonen.

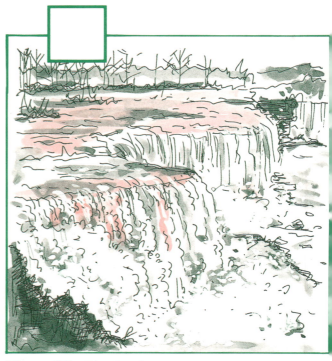

Niagarafälle: Diese berühmtesten Wasserfälle liegen an der Grenze zwischen den USA und Kanada.

84

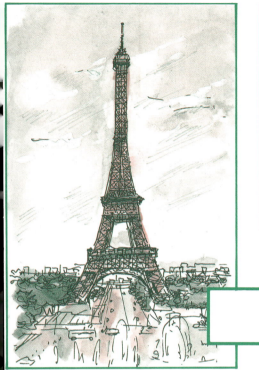
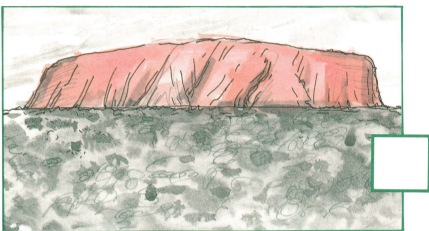

Ayers Rock: Fast im Zentrum Australiens liegt der größte und berühmteste Monolith der Erde. Er hat eine nahezu glatte Oberfläche.

Eiffelturm: Er ist das weltberühmte Wahrzeichen von Paris. Mit seinen gut 300 m Höhe prägt er das Stadtbild.

Kolosseum: Menschen kämpften in dieser Arena um ihr Leben.

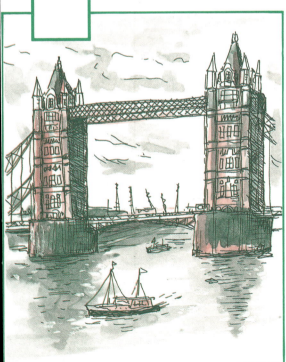

Towerbrücke: Sie führt über die Themse und ist eine der vielen Sehenswürdigkeiten Londons.

Parthenon: Dies sind die Ruinen eines großen Tempels, der der griechischen Schutzgöttin Athene geweiht war.

Welcher Text gehört zu welchem Bild?

Lies dir die Beschreibungen der Sehenswürdigkeiten (Nummer 1–8) ganz genau durch und ordne sie dann den Bildern zu. Vermerke neben jedem Bild die richtige Nummer.

1 Vatikan

3 Venedig

2 Sahara

4 Antarktis

Gletscher gruben lange Täler, in die das Meer eingedrungen ist. Sie sind typisch für die Küsten Nordeuropas.		Er führt unter dem Meer hindurch und verbindet zwei japanische Inseln miteinander. Der Bau dauerte 42 Jahre.	
Er verkürzt die Schiffsroute zwischen dem Atlantischen und dem Pazifischen Ozean. Er liegt in Mittelamerika.		Der kleinste Staat der Erde liegt mitten in Rom. Dort kann man viele berühmte Kunstwerke besichtigen.	

5 Osterinsel

7 Seikan-Tunnel

6 Panamakanal

8 Skandinavischer Fjord

Diese italienische Stadt ist berühmt für ihre Kanäle und Gondeln. Früher war sie ein bedeutendes Handelszentrum.

Dieses riesige Gebiet in Afrika besteht fast nur aus Sand. Es fällt kaum Regen, und nur wenige Tiere leben dort.

Niemand weiß mit Sicherheit, warum diese riesigen steinernen Figuren auf der einsamen Insel aufgestellt wurden.

Es ist der südlichste Teil der Erde und ständig mit Eis und Schnee bedeckt. Viele Pinguine leben dort.

Kinder entdecken ...

Sehenswürdigkeiten der Welt

Authorized German language edition
© 1989 Time-Life Books B. V., Amsterdam
Original Japanese language edition
© 1988 Gakken Co., Ltd.
All rights reserved.
Second German printing 1990.

No part of this book may be reproduced in any form or by any electronic or mechanical means, including information storage and retrieval devices or systems, without prior written permission from the publishers, except that brief passages may be quoted for review.

ISBN 90-6182-828-7

TIME-LIFE is a trademark of
Time Warner Inc. U.S.A.

Reprosatz: Utesch Satztechnik GmbH, Hamburg
Druck: GEA, Mailand, Italien
Einband: GEP, Cremona, Italien

Redaktionelle Bearbeitung:
International Editorial Services Inc.,
Tokio, Japan

Redaktion:	C. E. Berry
	Winston S. Priest
Text:	James H. Shaw
Redaktionelle Beratung:	Andrew Gutelle
Fotos:	Pacific Press Service; Orion Press; Bon Colour; Australia Travel Bureau; Tourism Australia.

Deutsche Ausgabe
Leitung der Redaktion: Marianne Tölle
Textredaktion: Katharina Jens

Aus dem Englischen übertragen
von Heidemarie Buchmann